De Macondo à terra de Marlboro

João Anzanello Carrascoza

De Macondo
à terra de Marlboro

FICÇÃO LITERÁRIA E NARRATIVAS DO CONSUMO

editora
unesp

© Editora Unesp, 2023

Direitos de publicação reservados à:
FUNDAÇÃO EDITORA DA UNESP (FEU)
Praça da Sé, 108
01001-900 – São Paulo – SP
Tel.: (0xx11) 3242-7171
Fax: (0xx11) 3242-7172
www.editoraunesp.com.br
www.livrariaunesp.com.br
atendimento.editora@unesp.br

Dados Internacionais de Catalogação na Publicação (CIP) de acordo com ISBD
Elaborado por Vagner Rodolfo da Silva – CRB-8/9410

C313m	Carrascoza, João Anzanello
	De Macondo à terra de Marlboro: ficção literária e narrativas do consumo / João Anzanello Carrascoza. – São Paulo : Editora Unesp, 2023.
	Inclui bibliografia.
	ISBN: 978-65-5711-202-1
	1. Comunicação. 2. Publicidade. 3. Ficção literária. 4. Arte literária. 5. Consumo. 6. Narrativas do consumo. 7. Universo publicitário. I. Título.
	CDD 659
2023-1262	CDU 659.1

Índice para catálogo sistemático:

1. Publicidade 659
2. Publicidade 659.1

Editora afiliada:

Asociación de Editoriales Universitarias
de América Latina y el Caribe

Associação Brasileira de
Editoras Universitárias

Sumário

Uma nota de entrada

De nossa aventura pelos bosques da ficção (literária), onde nos valemos de suas ricas paisagens para pensar a comunicação (publicitária em especial) e o consumo (discursivo, midiático), nasceu a presente obra, de certa forma a continuação dos passos que demos em *A lírica do consumo – Literatura e publicidade.*

Instados a caminhar por trilhas que pediam os pés do devaneio e as asas da razão, escrevemos estes textos, publicados em revistas acadêmicas ou em obras coletivas como artigos autônomos. Reuni-los aqui, acrescidos de um capítulo inédito, "Uma lata de balas de menta" (p.161), lhes assegura o estatuto de conjunto ao qual sempre aspiraram. Que a união destes artigos possa sensibilizar o leitor e ecoar em seu pensamento, como um chamado para encontros férteis entre a arte literária e o universo publicitário.

1
Ervilhas congeladas*
O prossumidor contemporâneo e a exuberância cosmética dos produtos

MERCADORIA: DO FETICHE DO CONSUMO AO ARTIFÍCIO DA PRODUÇÃO

A esfera de produção de mercadorias pressupõe, como condição inerente à sua existência, a esfera consequente do consumo, pela qual o que foi produzido encontra o sujeito que o consome – e o consuma. Essa segunda esfera, por sua vez, só tem razão de ser por preceder a outra, que para ela produz, gerando ambas um circuito não apenas de justaposição, mas de aglutinação. Assim, não existe uma produção, seja do que for, *per se* – toda e qualquer produção é guiada pela esfera que lhe sucede, e vice-versa, incluindo a economia discursiva, uma vez que é imensa, na comunicação midiática, a quantidade de discursos produzidos e igualmente consumidos.

Marx (1992, p.8) explicou essa dinâmica, afirmando que, "[...] ao dissolver o produto, o consumo lhe dá seu retoque final, pois o produto não é apenas a produção enquanto atividade coisificada, mas [também] enquanto objeto para o sujeito em atividade".

Apoiando sua investigação sobre a magia e o capitalismo no paradigma marxista, Everardo Rocha (1990) nos mostra que, no domínio da produção, há uma espécie de desumanização, enquanto no domínio

* Originalmente publicado em Revista *Intexto*, Porto Alegre, n. 49, maio-ago., 2020, p.4-55.

do consumo, o ser humano é divinizado. Cabe à publicidade essa operação transformadora – e, para nós, também performativa –, que Rocha (ibidem), valendo-se dos estudos de Lévi-Strauss, diz se assemelhar à dos totens nas civilizações primitivas. A publicidade, então, operando de forma similar à da "magia", oculta do percurso das mercadorias o universo de exploração do homem pelo homem no âmbito da produção e pontua com máxima luz o universo glamouroso do consumo, no qual o ser humano é tratado como rei. Em outras palavras,

> [...] o discurso da publicidade é o de omitir sistematicamente os processos objetivos de produção e a história social do produto. Através dela o produto encontra o homem numa instância lúdica de um imaginário gratificante. (ibidem, p.66)

A instância do consumo transforma o produto, pois, em fábulas e imagens.

Essa metamorfose se processa e se realiza por meio do sistema publicitário, constituído não apenas pelas campanhas de publicidade dos produtos, mas por toda a construção discursiva que o sustém, como seu nome de batismo, seu design, sua marca e demais elementos que lhes conferem existência material e simbólica. Torres I Prat (2005, p.13) nomeia essa maquinaria de "complexo comercial-publicitário" (CC-P), comparando-o à Matrix, em referência ao filme dirigido pelas irmãs Wachowski, como metáfora de um "construto social e tecnológico que tem vida própria".

Nesse contexto, a embalagem dos produtos é um aspecto expressivo e determinante de sua aparência, um fator que consubstancia sua estética e inicia, junto com seu nome, a sua discursividade publicitária. Em sua clássica crítica da economia política, Marx (2011) apontou o fetiche que a mercadoria exerce (como se ela ganhasse vida própria) – e, evidentemente, a maneira como é ela "embalada" afasta ou aproxima o consumidor.

Nosso objetivo é problematizar e discutir a participação ativa e ativista do consumidor na criação e no aprimoramento de mercadorias a partir do conto *Carta a um fabricante de ervilhas congeladas*, da escritora norte-americana Lydia Davis (2017), dando sequência a nossos estudos sobre consumo e tendo como metodologia a retextualização (Bettetini, 1996) – mais precisamente o uso de textos literários na reflexão científica.

Davis (2017) é uma prosadora singular: suas narrativas se revelam configurações híbridas que se distanciam e se acercam ao mesmo tempo do conto, da poesia, do relato memorialístico, que, na falta de designação mais precisa, são chamadas de ficções. A autora pertence a uma linhagem de escritores norte-americanos que se notabilizaram produzindo contos longos, como John Cheever, Raymond Carver e Lucia Berlin (a quem Lydia Davis atribuía uma escrita empolgante), embora um de seus traços estilísticos seja também – e aí reside uma diferenciação em relação aos contistas citados – a criação de histórias curtíssimas, resvalando, e tantas vezes assumindo, o formato de minicontos e até mesmo o de micronarrativas.

O conto em questão, publicado em seu livro *Nem vem*, é uma carta, como diz o título, na qual a narradora envia ao fabricante de uma marca de ervilhas congeladas uma crítica à coloração do produto em sua embalagem, como veremos a seguir no desdobrar de nossa abordagem. Nessa obra, há outros contos em forma de missiva – "Carta a um gerente de marketing", "Carta a uma fábrica de balas de menta" e "Carta à Fundação" – igualmente narrados por um consumidor que tem algo a testemunhar e a questionar sobre um produto (ou um serviço), ou a sugerir como mudança, que nos servirão, em outra oportunidade, para investigar como uma rede de arrasto aspectos da relação entre produção e consumo contemplados na carta ao fabricante de ervilhas.

CRÍTICAS E SUGESTÕES ESTÉTICAS

Sem preâmbulos, já nas primeiras linhas da "Carta a um fabricante de ervilhas congeladas", o narrador-remetente expõe a razão principal de tê-la escrito e a encaminhado à empresa produtora, à semelhança das cartas enviadas pelo público consumidor ao departamento de marketing e de publicidade de fábricas em geral – exemplo de fácil visualidade como as cartas dos leitores na imprensa diária, publicadas resumidamente pelos jornais (uma nítida estratégia editorial). Esse tipo de carta pode trazer elogios e sugestões, mas, em geral, carrega críticas sobre o produto, motivação que o texto da autora reproduz como mimese desse gênero de correspondência-padrão:

> Decidimos lhe escrever porque achamos que as ervilhas na ilustração de sua embalagem de ervilhas congeladas apresentam uma coloração extremamente ingrata. Referimo-nos à embalagem plástica de quinhentos gramas com uma imagem de três ou quatro vagens, uma delas aberta, com algumas ervilhas em torno. As ervilhas são de um verde-amarelado fosco, mais cor de sopa de ervilhas que de ervilhas frescas, e bem diferente da cor real de suas ervilhas, que são de um verde-escuro vivo e intenso. (Davis, 2017, p.45)

A carta aponta, de saída, o descompasso entre a qualidade do produto, atestada pelo remetente consumidor – as ervilhas são de cor "verde-escuro vivo e intenso" – e a cor das ervilhas de embalagem de quinhentos gramas é "verde-amarelado fosco", que não coincide com a cor das ervilhas frescas da empresa. A constatação nos leva a refletir sobre a estética das mercadorias, tanto na sua materialidade propriamente dita quanto na embalagem que a protege, e considerá-la, em simultâneo, como um dos vetores enunciativos de seu discurso.

Se o nome do produto é a gênese da história discursiva de um produto, a embalagem é a estampa que o apresenta ao mercado, revelando aos olhos do público a sua personalidade nas prateleiras dos signos, sendo assim um elemento determinante de diferenciação e, sobretudo, de distinção. A embalagem artisticamente esmerada alarga o valor de troca da mercadoria, de forma que há, por meio do sistema publicitário, um investimento considerável na criação da embalagem de qualquer produto. Em rigor, há uma cosmética da exuberância em ação para dar às mercadorias uma aparência para além de sua realidade material.

O segmento gastronômico é um dos mais competentes na criação de embalagens, uma vez que a imagem dos alimentos (em especial a dos perecíveis) exige retoques em seu registro fotográfico, a fim de lhes garantir *appetite appeal*. Esse apelo visa despertar o apetite do consumidor, mas se concretiza numa imagem maquiada da comida. Vale salientar que, se o apelo é ou não efetivo, a imagem do alimento já constitui um tipo de consumo – simbólico, imagético, midiático –, daí porque Rocha (1990, p.27) nos lembra que"

> [...] se compararmos o fenômeno do "consumo" de anúncios e o de produtos, iremos perceber que o volume de "consumo" implicado no primeiro é infinitamente superior ao do segundo. O "consumo" de anúncios não se confunde com o "consumo" de produtos. Podemos até pensar que o que menos se consume num anúncio é o produto.

É possível afirmarmos o mesmo em relação ao consumo de embalagens e o de produtos: o primeiro é discursivo, antecede o consumo de produtos e pode ou não levar a ele – à compra ou à experimentação dos bens embalados.

A queixa do missivista ao fabricante de ervilhas congeladas se direciona, portanto, à falta de *appetite appeal* da embalagem, que, podemos afiançar, não teria passado pela cosmética da exuberância para assegurar à imagem das ervilhas o frescor (a cor verde-escuro vivo) que elas teriam, deixando-as visualmente com uma cor mais próxima à de uma sopa de ervilhas (verde-amarelado fosco), ou seja, para além do ponto desejável para consumo. A crítica à empresa se amplia, pois o remetente da carta ressalta ainda que

> [...] as ervilhas retratadas são três vezes maiores do que as que se encontram dentro do pacote, o que, juntamente com a coloração fosca, torna o conjunto ainda menos apetecível – passa a impressão de que as ervilhas estão maduras demais. (Davis, 2017, p.45)

Ele acrescenta outra dissonância entre a realidade do produto e sua aparência na embalagem: a cor das ervilhas na ilustração contrasta com outros elementos decorativos do pacote, que são de um tom verde-neon quase gritante.

Como se não bastassem as ressalvas à forma como as ervilhas congeladas são apresentadas na embalagem, o missivista se sente ainda mais indignado quando as compara com as dos concorrentes, descobrindo a lógica mercadológica que promove a maquiagem dos produtos:

A maioria dos fabricantes de alimentos estampam produtos mais apetecíveis do que os que se encontram dentro do pacote, sendo portanto enganosos nessa representação. Os senhores fazem o contrário: estão falsamente representando suas ervilhas como menos saborosas do que elas são na realidade. (ibidem, p.46)

Com esse comentário, o missivista reforça a certeza de que a representação das ervilhas congeladas na referida embalagem "é extraordinariamente menos sedutora" do que a dos demais fabricantes; e aqui, na posição de um zeloso gestor de imagem da marca da empresa, atento às opiniões de seu público, "pede" que o fabricante "reconsidere a identidade visual" de suas embalagens.

Curiosamente a identidade do autor dessa carta-sugestão-reivindicação não é revelada, mas, pela regência dos verbos mobilizados – decidimos, achamos, referimo-nos, comparamos etc. –, o narrador, em primeira pessoa do plural, representa não apenas um indivíduo, mas uma voz coletiva, um contingente de consumidores. Ele não assume a posição daquele consumidor que, nos moldes do passado, encaminhava uma carta à empresa ou telefonava para o Serviço de Atendimento ao Consumidor (SAC). Ele não é o exército de um homem só, mas o contrário: um homem só com poder de exército.

No contexto midiático contemporâneo, com a ação rizomática das redes sociais em suas mãos, o consumidor, como discute Izabela Domingues (2013) em *Terrorismo de marca*, tem se reunido em grupos não apenas para protestar, mas também para boicotar marcas que desrespeitaram o público de forma constante ou pontual (em situações específicas). A internet se configura como uma arena na qual se travam lutas discursivas entre as marcas anunciantes e entre as marcas e seus consumidores, visto que nela se encontra:

> [...] uma série de vídeos, sites, blogs e comunidades virtuais alusivas a marcas, empresas e produtos divulgando aspectos diferentes daqueles apresentados pelos enunciados oficiais proferidos nas propagandas institucionais. Marcas globais [...] lidam, na atualidade, com discursos variados criados

pelos consumidores, destacando atributos pouco lisonjeiros para essas marcas. (Domingues, 2013, p.58)

O advento do "prossumidor" – termo cunhado em 1980 por Alvin Tofler (2014), no livro *A terceira onda*, ao definir o sujeito que é produtor e, ao mesmo tempo, consumidor – se estabelece e, com o avanço das mídias digitais, expande-se para a produção de bens simbólicos. O prossumidor monta o carro com as características que lhe agradam no site do fabricante (Sodré, 2018), faz sua própria página no Facebook, grava seus vídeos pelo celular e os posta no YouTube e não apenas faz críticas de produtos nas redes digitais – como o missivista do conto de Lydia Davis (2017) –, mas também produz manifestos, caricaturas, memes e contrapropaganda, atacando as corporações que maltratam animais ou demonstram atitudes racistas, falocêntricas, homofóbicas etc.

A malha dialógica, portanto, entre os discursos das empresas e os discursos dos consumidores ganha novas nuances, que revelam maior complexidade (e não menos conflitos) na relação entre ambas as esferas. Assim, se antes poderíamos interpretar que o consumidor que envia uma carta ao fabricante de ervilhas congeladas e lhe solicita a mudança na embalagem, hoje uma carta desse tipo pode significar menos um pedido e mais um alerta, um sinal de disjunção entre consumidor e fabricante, o que, em última instância, resultaria na suspensão do consumo. No fim da carta, o missivista, no entanto, escreve: " [...] gostamos de suas ervilhas e não queremos que sua empresa tenha prejuízos" (Davis, 2017, p.46). Temos nesse trecho uma questão crucial sobre os limites do poder do consumidor: há um real interesse de sua parte no sucesso da marca e na excelência do produto que ela fabrica ou tão somente uma nota de ironia?

Chevalier e Mazzalovo (2007) confirmam que a maioria das principais marcas mantém canais abertos para o contato com o cliente, com atenção aos seus comentários, que por vezes se tornam contribuições relevantes para atualizações e aperfeiçoamentos nos produtos. Mas "[...] é geralmente por meio de ações coletivas mais estruturadas que os consumidores realmente podem propor medidas às empresas [...]" (ibidem, p.278) e, acrescentamos nós, ter mais chances de serem atendidos.

Se, pela internet, qualquer indivíduo pode detratar uma marca, atacando-a com ou sem razão, como Domingues (2013) examina nos casos da Nike, da Coca-Cola, da FKC, do Burger King e da Disney, é comum também encontrarmos discursos laudatórios de "fiéis" consumidores de marcas, com elogios à qualidade de suas mercadorias, às suas ações promocionais e às suas campanhas publicitárias.

A tensão entre propaganda das corporações e contrapropaganda de grupos sociais (consumidores ou não de seus produtos) sobe ao palco da mídia de massa, sendo levada a extremos, como a ideia das *lovemarks* de um lado – marcas que atingem a condição de serem "amadas" (Roberts, 2004) – e, de outro, organizações não governamentais (ONG) ou publicações ativistas, como a revista canadense *Adbuster*, que se posicionam contrárias ao consumo. Aí o mais correto seria dizer contrárias ao *consumismo* – palavra que designa o consumo sem freios, mas que é igualmente problemática, uma vez que não há um medidor para os limites do consumo.

Da mesma forma que se estabelece essa dicotomia discursiva entre a comunicação dos fabricantes e a dos consumidores, há duas vertentes interpretativas do termo *prossumo*. Em sua obra *Cultura do consumo*, Fontenelle (2017) adverte que, se é visto como forma de empoderamento do consumidor, o prossumo, na via oposta, é considerado uma maneira inédita de alienação e exploração do trabalho por meio do consumidor. A questão segue aberta – sobretudo com campanhas como a da cerveja Skol que, em 2017, convidou mulheres para refazerem seus materiais publicitários em que havia mensagens machistas (Sacchitiello, 2017) – e excede as divisas desta reflexão.

DA EMBALAGEM PARA A ANUNCIAÇÃO SISTEMÁTICA

Outra questão relativa à representação dos produtos em suas embalagens, em especial a dos alimentícios (mas não só deles), é a maneira como são retratados nas peças publicitárias que os promovem.

Carrascoza (2015) afirma que a narrativa publicitária mimetiza a narrativa ficcional de cunho realista, e visa, como sua matriz literária, criar efeitos de sentido do real por meio da verossimilhança. Pois bem: para mostrar ao consumidor a excelência do produto (a sua materialidade) e atraí-lo por meio de *appetite appeal*, um cuidadoso investimento imagético é conduzido pela publicidade, a fim de criar o efeito de realidade, que, em última instância, é uma regra do jogo seguida por seus criadores e presumida, ainda que não em detalhes, pelo público. Em outras palavras, o consumidor reconhece e aceita a imagem de perfeição veiculada pelas mensagens publicitárias, sabendo, contudo, que não corresponde às condições físicas evidentemente imperfeitas do produto.

Não por acaso Rocha (1990) acentua o caráter "mágico-totêmico", refratário à transformação, do sistema publicitário, bem como seu movimento de supressão do tempo, seu esforço para "esconder a mudança e eleger a permanência". Tanto na representação de um alimento – as ervilhas, por exemplo – na embalagem, quanto em sua aparição publicitária num prato finalizado por um chef e pronto para ser servido, a passagem do tempo está sob o efeito de freios, e o produto está (e continuará) em sua plenitude de sabor, investido do poder de despertar no consumidor (que já o consome simbolicamente) o desejo de experimentá-lo.

Em harmonia com o campo semântico da esfera cosmética (*make-up*), chama-se no universo da publicidade de *mock-up* a réplica, a fabricação falsa de um produto visando à sua esmerada reprodução em materiais publicitários (anúncios, vídeos, folhetos etc.). A comida cenográfica apresenta-nos, como exigência da publicidade, um produto visualmente impecável, já que o tempo nele não incide, está represado em sua materialidade *fake*.

Os *mock-ups* são essenciais para a narrativa ficcional que a publicidade dissemina na mídia e, uma vez que sua aparição se dá num anúncio, o público estará consumindo por meio dela uma representação perfeita do alimento, enquanto o imperfeito segue regendo o mundo fora da peça publicitária, deteriorando-o a ponto de ser sempre frustrante o resultado d registro fotográfico do alimento *in natura*; daí o estratagema de usar a maquiagem.

Não é comum comparar a imagem sublime de uma comida cenográfica (usada para, paradoxalmente, despertar *appetite appeal* e, ao mesmo tempo, ser impróprio para o consumo) e a imagem do alimento verdadeiro: a estética forjada pela produção fotográfica do sistema publicitário supera a do produto real a um passo do consumo. Na internet é possível encontrarmos exemplos dessa comparação. Podemos notar a foto a seguir uma porção de batatas fritas do McDonald's produzida pela publicidade e sua correspondente real (Figura 1.1).

Figura 1.1 – Batatas fritas Mc Donald's (quadro comparativo)

FONTE: REPRODUÇÃO

Outras marcas, que atuam nesse segmento de *fast-food*, agem da mesma maneira, como demonstram a foto cenográfica de um Crispy Chicken do Burger King e o mesmo sanduíche sem a cosmética publicitária (Figura 1.2).

Figura 1.2 – Crispy Chicken Burger King (quadro comparativo)

FONTE: REPRODUÇÃO

Duas versões fotográficas – um *mock-up* e o produto real – de um Twister com queijo do KFC nos dão mais um exemplo (Figura 1.3).

Figura 1.3 – Twister com queijo KFC (quadro comparativo)

FONTE: REPRODUÇÃO

No entanto, o consumidor, mesmo ciente da diferença entre o que ele "vê" por meio do sistema publicitário e o que efetivamente come, continua aberto à sedução. Lipovetsky (2000, p.7) afirma que "[...] a publicidade não consegue fazer com que se deseje o indesejável [...]"; ou seja, ninguém é capaz de seduzir quem não está predisposto a ser seduzido.

Indignado, o fotógrafo Oliviero Toscani (1995, p.15), que também "retoca" imagens, critica a cosmética da exuberância, com inúmeros exemplos:

Pela manhã, mamãe passa um creme miraculoso sobre o rosto com suas mãos suaves e embelezadas pelos produtos de limpeza, e aquelas unhas longas e pintadas que não se quebram nunca. As rugas somem como que por encanto, os lábios brilham e dobram-se como os que de uma atriz de cinema: a celulite desaparece sob os seus dedos, os seios tornam-se firmes e saltam na direção do céu azul [...].

Mas o que se poderia esperar do sistema publicitário senão o impossível, em cuja possibilidade o consumidor continua a acreditar mesmo sabendo que não existe?

O mundo real (das mudanças) em contraposição ao mundo ritual (da permanência) preconizado pela publicidade nos transporta ao romance *O retrato de Dorian Gray*, de Oscar Wilde (2012), no qual o protagonista da história se mantém jovem, como quando foi retratado numa pintura (na qual o tempo, como numa embalagem, está congelado) e, na imagem ao contrário, a vida degenera sob a abrasão do tempo, efeito comum em todo ser humano.

No plano das embalagens mercadológicas e das peças publicitárias, o que se destaca é a aparência virtual, não a virtude do produto, pois a primeira é imutável e a segunda velozmente perecível. Ou, transpondo o ponto de vista de Rocha (1990) para esse aspecto, a comida real, vista pelos olhos do consumidor, nos mostra sua imperfeição (humana), enquanto a comida cenográfica vista (ou revestida) pela "magia" de sua maquiagem nos apresenta a sua aura (divinal).

Em outras palavras, não convém à publicidade trazer Cronos, o tempo em seu *continuum*, para reproduzir a fiel imagem dos alimentos (em visível imperfeição), mas se valer de Kairós, o tempo no momento oportuno, aquele em que todas as variáveis estão sob controle para que se registre o auge (inclusive estético) da comida. O produto, não obstante a sua suprema perfeição, não pode revelar soberba, por isso é invariavelmente inserido na cena fotográfica na forma de um detalhe expressivo (Carrascoza, 2015), como no anúncio das salsichas Gasser (Figura 1.4).

Figura 1.4 – Anúncio das salsichas Gasser

FONTE: REPRODUÇÃO

O produto, como em toda lógica publicitária, é inserido na cena de um anúncio de forma a ocupar um pequeno espaço, muito embora só aparentemente ele seja um elemento secundário. O produto é o principal, mas, como nos lembra o poeta Fernando Pessoa, que também se dedicou à publicidade e fez pequenas teorizações sobre a arte do comércio, "[...] o princípio essencial da publicidade deve ser de esconder o máximo possível, ou de tornar o mais agradável possível, o intuito publicitário." (apud Ferreira, 1986, p.148).

Retomando o texto de Lydia Davis (2017, p.46), a crítica do missivista em sua carta ao fabricante de ervilhas aponta justamente para o descuido com o *appetite appeal* do produto, em relação a seus concorrentes – que seguem a cartilha da publicidade, zelando pela reprodução de sua comida cenográfica: "[...] comparamos sua representação de ervilhas com a de outros fabricantes e a sua é extraordinariamente menos sedutora".

EM SUMA: ERVILHAS MAQUIADAS

A "Carta a um fabricante de ervilhas congeladas" nos mostra uma crítica à cor desse alimento em sua embalagem, pontuando que as ervilhas não parecem frescas, como de fato o são dentro dela – uma ironia do missivista, já que se são ervilhas congeladas, não podem ser, a rigor, ervilhas frescas. O consumidor reclama da qualidade de sua cópia cenográfica, que reduz seu efeito de sedução. Fica evidente que ele sabe da maquiagem feita pelo sistema publicitário – no qual a aparência dada ao produto é parte inicial de seu processo de promoção, que segue daí em diante, continuamente, com as campanhas de publicidade. Ele sabe, parafraseando os versos de Cecília Meireles (2001) no poema "Retrato", que o produto não tem essa face que a publicidade lhe concede.

Aliás, relembremos, tanto a maquiagem nas embalagens dos alimentos quanto os alimentos *fakes* nas peças publicitárias já são uma forma de consumo – sígnico, discursivo, mediático. Uma forma de permanência da marca na vida do consumidor, sem a prerrogativa do consumo material do produto.

Ainda que as ressalvas do consumidor possam ser incorporadas pelos fabricantes e promover melhorias das mercadorias, não deixa de ser expressivo o espaço que esse consumidor encontra hoje nas redes sociais para fazê-lo, nem desprezível o fato de que, não raro, sua crítica (ou seu elogio) seja uma zombaria disfarçada, um antidiscurso sub-reptício.

Coincidentemente, em "Mobília de família", conto da escritora canadense Alice Munro (2013), prêmio Nobel de literatura, um personagem, tio da protagonista da história, à mesa do almoço, tenta convencê-la de que as ervilhas (e cenouras) congeladas em seu prato são melhores não apenas que as enlatadas, mas até mesmo que as frescas (tanto na cor, quanto no sabor). Extraordinário, argumenta o homem, o que já se pode "[...] fazer hoje e o que seria feito com coisas congeladas no futuro." (Munro, 2013, p.121). Certamente o *make-up,* feito pelo CC-P na embalagem dos legumes, contribuiu para esquentar a opinião desse consumidor. A maquiagem é o rastilho para ação do fetiche e o fogo para as chamas do consumo.

O artista da fome, o consumo e a guerrilha publicitária*

A ARTE DE PERSUADIR OU PERTURBAR

A arte e a retórica são matrizes da publicidade que, valendo-se ora de elementos de uma ou de outra, ora de ambas, busca afetar o público a fim de gerar uma adesão, racional ou sentimental, presente ou futura, aos bens por ela anunciados. Perelman e Tyteca (2002) diferenciam o ato de convencer do ato de persuadir, sendo que o primeiro opera por meio do intelecto, e o segundo, pela via da emoção.

Podemos acrescentar, por um lado, que a publicidade incorporou de sua matriz artística a força para comover por meio da imersão no mundo do sensível. Assim, cartazes publicitários e anúncios impressos nascem da confluência das artes plásticas com a literatura de cunho épico ou lírico, visando à emparia (*pathos*) do público. Os *spots* de rádio e os *jingles* se originam da mescla entre música e poesia. E os filmes publicitários advêm, obviamente, da narrativa ficcional adaptada à arte cinematográfica.[1] Por outro lado, em complementaridade a essa apropriação de elementos de

---

* Originalmente publicado na revista *Significação*, São Paulo, v.47, n.54, p.271-286, jul.-dez. 2020.

1 Conferir Carrascoza (2015) sobre a discussão do caráter ficcional que a publicidade dionisíaca herdou da narrativa realista nos capítulos "A criação publicitária como narrativa ficcional para o consumo" e "A cena de consumo. O detalhe expressivo da criação publicitária".

variadas manifestações artísticas, que caracterizam seu vetor persuasivo, a publicidade também trouxe para o bojo de seu discurso recursos retóricos próprios dos tratados de argumentação, cuja ênfase se volta para o convencimento, ou seja, para o investimento maior na esfera racional (*logos*).

Eco (1976) afirma que os discursos abertos, pelas suas múltiplas possibilidades de interpretação, caracterizam as obras artísticas, e os discursos fechados – em cuja produção se evita ao máximo a polissemia – caracterizam as obras como a publicidade, que almejam convencer ou persuadir.

Seja como for, o cânone publicitário se consolida na convergência e na miscigenação dessas duas forças – a arte e a retórica. Em termos textuais, parte da publicidade – a apolínea – estrutura-se por meio de procedimentos lógico-formais, que se direcionam para a razão, enquanto outra parte – a publicidade dionisíaca – se vincula à arte narrativa, que objetiva emocionar – seja pela suavidade, seja pelo choque (Carrascoza, 2004).

Essa publicidade opera pelo vetor da emoção, em grande medida, por causa da leveza, quase sempre associada ao humor, ao contentamento, à satisfação, às valorações do mundo lúdico. O termo "persuasivo", vale relembrar, é formado a partir do radical "persuav", daquilo que se concretiza "através do suave" (idem, 2007, p.16). Estão aí dezenas de campanhas publicitárias que exploram essa "suavidade" por meio de histórias alicerçadas em cenas de descontração, o que levou Toscani (1995) a afirmar que a publicidade nos apresenta um universo tacanho e estúpido, infantilizando o público com seu vetor unicamente solar. Esse tipo de estratégia enfatiza o que Oliveira (2009), tratando da poesia portuguesa, nomeia de lírica de superfície – ou seja, a exploração de situações superficiais do cotidiano, as eventualidades domésticas, as "levezas" da condição humana.

Contudo, há também uma fatia da publicidade que, embora restrita, segue na direção oposta e se consuma por meio daquilo que nos perturba. "Perturbar" etimologicamente vem do latim *perturbare* e significa "por meio do turvo", do escuro (Carrascoza, 2007, p.16). São campanhas que ilustram situações de "choque", por vezes retratando acidentes de automóvel, cenas de violência, dramas de pacientes terminais e, queiramos ou não, lançam-nos à obra de Franz Kafka, escritor de fábulas nas quais o autor misturava o humor (aparente) a aspectos (visivelmente) sombrios da vida. Seguem, portanto, a lírica subterrânea – oposta à lírica de superfície (Oliveira, 2009) –, na qual prevalecem como eixo as questões existenciais, voltadas para o sentido da vida e a finitude humana.

Objetivamos neste texto abordar metodologicamente a publicidade contemporânea por meio da retextualização (Bettetini, 1996), ou seja, transportando um texto ficcional para o plano científico, de forma que aquele nos permita estudar aspectos concernentes a esse. Escolhemos o conto *Um artista da fome*, de Franz Kafka (2017) para discutirmos tanto as ações presenciais de guerrilha publicitária, quanto aquelas midiatizadas, como os videorrelatos (os filmes que "documentam" essas ações ao vivo), uma vez que a guerrilha feita pela publicidade objetiva "comover" pela suavidade, embora também possa fazê-lo pela perturbação (choque).

DA ARTE DO ATIVISMO PARA A GUERRILHA PUBLICITÁRIA

A narrativa breve *Um artista da fome* pertence à última fase da produção literária de Kafka e apresenta o estilo protocolar, repetitivo e muitas vezes labiríntico do autor de *A Metamorfose*" (Carone, 2017, p.114). A história narra a rotina, para não dizer "o trabalho", de um jejuador, colocado numa jaula ao ar livre como atração para divertir os habitantes das cidades, numa época em que o interesse pelos artistas da fome já havia diminuído.

Em verdade, o conto flagra um artista da fome no tempo exato em que essa "diversão" – que se tornou comum para a avidez dos espectadores adultos, embora ainda assombrasse as crianças – já estertorava em praça pública, até ser substituída, no desfecho da narrativa, por uma nova atração, capaz novamente de atrair as pessoas pela perturbação que provocaria (ao menos em seu início).

Ao longo do conto, o narrador descreve a rotina desse jejuador, homem pálido, com costelas extremamente salientes, "um feixe de ossos", cujo ofício era não se alimentar diante do plateia. Quando em exibição, ou seja, durante o período de jejum, o artista da fome, "em circunstância alguma, mesmo sob coação, comeria alguma coisa, por mínima que fosse: a honra da sua arte o proibia" (Kafka, 2017, p.24).

A história narra tanto as dificuldades do artista da fome como sua maior virtude – a facilidade de jejuar. Sim, para ele, jejuar "era a coisa mais fácil do mundo". Esmerando-se em cumprir sua parte do show, sentado sobre a palha espalhada no chão da jaula, ali à mostra, "ora ele acenava polidamente com a cabeça, ora respondia com um sorriso forçado às perguntas, esticando o braço pelas grades para que apalpassem sua magreza" (ibidem, p.23). Essa interação com o público, conquanto limitada, permite-nos enlaçar o tema da guerrilha publicitária, precisamente aquelas ações enfeixadas na categoria performática e urbana.

A guerrilha publicitária foi trazida conceitualmente à luz no contexto do marketing de guerrilha, surgido no fim dos anos 1980, quando o publicitário Jay Conrad Levinson, vice-presidente da J. W. Thompson, de Nova York, cuja carreira sempre estivera colada às grandes corporações, detecta o potencial mercadológico das pequenas e médias empresas – deixadas à margem pelas grandes agências que não se interessavam por essa fatia de mercado, nem sabiam ao certo como contribuir para a sua dinamização e com ela lucrar – e abandona o alto circuito da publicidade para se dedicar a entender e atender esse "grande" e desprezado segmento de negócios (Levinson, 1989).

A publicidade, com seus braços de polvo, encontra nesse tipo de marketing mais uma "arma" para a divulgação de produtos e serviços de marcas globalizadas, embora, ironicamente, a guerrilha tenha surgido como uma "saída" para a comunicação de empresas de menor porte. Essas, sem as verbas polpudas dos anunciantes líderes em investimentos publicitários, passaram a contar com ações publicitárias incomuns, desvinculadas dos *mass media*, cujos custos de veiculação não poderiam suportar para atrair o interesse do público.

Em alusão à linguagem bélica, se no âmbito dos grandes anunciantes há uma guerra entre concorrentes, a guerrilha se apresenta como guerra menor, não convencional, provocada pelo desequilíbrio de forças no qual os combatentes – as marcas menores – não têm nem expertise, nem poderio "militar", mas, em contrapartida, movem-se com rapidez, fazem ataques-surpresa, infiltram-se sorrateiramente entre os "inimigos" com a ajuda de "aliados".

No conto "Um artista da fome", encontramos tanto os ataques-surpresa da guerrilha publicitária quanto a simpatia da população por aceitá-los, uma vez que a entretém. A plateia, como vimos, interage com o jejuador em sua jaula, colocada onde havia maior circulação de pessoas – o artista da fome tinha um empresário que o levava às pequenas e grandes cidades do mundo para se exibir, lucrando obviamente com ele. Não é de se estranhar que um dos casos clássicos de guerrilha, em espaço urbano, seja esse tipo de *performance* espetacular, no qual um *ator* contratado para divulgar um produto ou serviço, busca galvanizar a atenção de curiosos. Um exemplo desse tipo de ação, entre muitas que proliferam em grandes cidades do mundo, é a da marca Tic Tac, na qual um homem, na praça central, distribui aos transeuntes instrumentos musicais feitos improvisadamente com caixinhas dessas pastilhas doces e os motiva a acompanhá-lo num "número" a céu aberto.[2]

Outro caso, dessa vez menos um "show" e mais uma "instalação", animou as ruas de Berlim, por ocasião do lançamento na Alemanha da versão miniaturizada da latinha de Coca-Cola. Foram espalhadas pela cidade bancas de jornais e revistas encolhidas, com produtos em miniatura à venda, com ênfase na *vending machine* em dimensão reduzida dessa marca de refrigerante (Figura 2.1).

Figura 2.1 – Ação de guerrilha para a versão mini da latinha de Coca-Cola (Alemanha)

FONTE: REPRODUÇÃO

---

2 Ver https://www.youtube.com/watch?v=pO_oZBb_4qs

A figura humana, como o jejuador do conto kafkiano, está presente em ambos os casos, mas nem sempre é prescindível. Por vezes, também os objetos podem galvanizar os olhares das pessoas nas vias públicas – como se a jaula ou o leito de palha do artista da fome fosse mais importante que ele próprio. Citemos dois exemplos. O primeiro consistiu na ação de guerrilha publicitária feita para o sistema de som da marca Kenwood. Para ilustrar sua durabilidade, o aparelho continuava a tocar músicas no interior de um automóvel incendiado exposto em uma rua de Milão (Figura 2.2).

Figura 2.2 – Ação de guerrilha para o sistema de som Kenwood (Itália)

FONTE: REPRODUÇÃO

A segunda ação guerrilheira, também protagonizada por um carro, levou para uma rua de Londres o modelo Polo Twist feito inteiramente de gelo. O automóvel demorou doze horas para derreter, divulgando aos passantes a potência de seu ar-condicionado (Figura 2.3).

A origem desse tipo de ação remonta aos movimentos artísticos enraizados em valores ativistas, seja por uma causa qualquer, seja pela própria arte como elemento constitutivo de seu manifesto, como aponta Maceira (2015). Na origem das táticas da guerrilha publicitária semelhantes a essas, de *street marketing*, emboscada, *brand installation,* está o *happening,* a instalação pública, a *action painting* das poéticas (de vanguarda) modernistas.

Figura 2.3 – Ação de guerrilha do VW Polo Twist (Inglaterra)

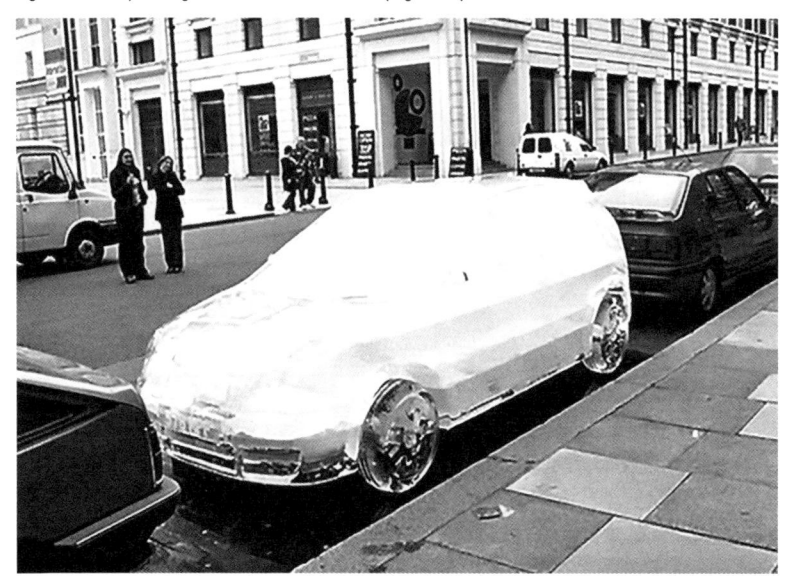

FONTE: REPRODUÇÃO

As obras polêmicas do artista e ativista chinês Ai Weiwei – especialmente as instalações de bicicletas empilhadas (Figura 2.4)[3] – serviram de inspiração para "obras" de guerrilha publicitária, como a de uma loja de bicicletas, em Altlandsberg, na Alemanha, que fixou 120 bicicletas na fachada de seu estabelecimento (Figura 2.5)[4] para atrair clientes.

---

3 Cf. http://bikeloversworld.blogspot.com/2013/09/as-bicicletas-de-ai-weiwei.html. Acesso em 4 mar. 2019.

4 Cf. https://marketingdeguerrilha.wordpress.com/category/acao-ambiente/. Acesso em 4 mar. 2019.

Figura 2.4 – *Forever Bicycles*, instalação do artista Ai Weiwei (Itália)

FONTE: DIVULGAÇÃO

Figura 2.5 – Ação de guerrilha publicitária feita para uma loja de bicicletas (Alemanha)

FONTE: REPRODUÇÃO

Se na proposta de Ai Weiwei, a bicicleta – veículo usado por milhões de cidadãos chineses, objeto portanto de garantia de sua "liberdade" – enuncia um discurso político de resistência, a ação publicitária, desprovida desse caráter, explicita seu caráter mercadológico. Não admira que Ai Weiwei tenha "armado" suas instalações com bicicletas da marca mais comum da China, a Forever, e batizado essas obras com o título *Forever Bicycles*, para deixar clara a crítica contra o regime de seu país. A arte continua – e continuará – sendo plasmada em suas estratégias e táticas pela publicidade, ainda que essa possa se tornar também (no processo discursivo duplo de reflexão e refração) matéria-prima para expressões artísticas, como a *pop art* de décadas atrás e, mais recentemente, as obras de Ellen Gallagher, cuja série mais célebre de colagens foi produzida sobre anúncios veiculados em revistas afro-americanas.[5]

Mas, para nosso assombro, antes mesmo dessas manifestações artísticas e, em seguida, de sua "repetição" pelos publicitários, já havia uma instalação primitiva e perturbadora na ficção de Kafka: o artista da fome deitado sobre a palha numa jaula exposta na rua, destinado à voraz consumação do público. A "vida" representada pela publicidade iria, décadas mais tarde, copiar – e segue copiando – a arte inventiva do escritor checo.

O VIDEORRELATO DE GUERRILHA: A POTÊNCIA DA RETÓRICA MIDIATIZADA

As ações de guerrilha publicitária ao vivo, ainda que capazes de despertar a atenção do público para uma espécie de espetáculo que pede a participação dele, são, em essência, acontecimentos nascidos sob a égide do precário, do efêmero, do fugaz, como apontaram Carrascoza e Santarelli (2011, p.52): "algumas ações de guerrilha publicitária são verdadeiros *happenings*, nos quais há espaço para performances; outras são obras transitórias, como instalações de arte contemporânea".

Podemos dizer, nesse sentido, que o "circo" é montado de modo repentino, mas, diferentemente das "sessões" descritas por Kafka em "Um artista da fome", que duram semanas, as intervenções de guerrilha publicitária não ultrapassam, para aqueles que delas participam e que são por elas sensibilizados, alguns minutos ou poucas horas – a não ser que

---

5 Cf. https://www.coeval-magazine.com/coeval/ellen-gallagher. Acesso em 6 mar. 2019.

sejam registradas em filmes, em estilo documental, feitos para outro tipo de consumo e com outra lógica de produção publicitária.

Tais filmes, em outras palavras, são como se filmássemos o demorado jejum do paciente artista da fome e editássemos os melhores momentos das gravações – ou, mais estrategicamente, contássemos a partir dessas imagens uma história "melhor" do que aquela assistida pelos participantes *in loco*. Uma história capaz de ser compartilhada com uma plateia muito maior, para não dizer global e, certamente, distinta daquela presente no "espetáculo" ao vivo.

Foi justamente para aproveitar as ações de guerrilha publicitária, então restritas ao seu momento de precariedade, e lhes dar a condição (nova) de perenidade que surgiram os chamados videorrelatos – registros produzidos não para quem assistiu ao "show" presencialmente mediado, mas para consumo de todo internauta a qualquer hora, já que esses vídeos podem ser acessados em plataformas como o YouTube, facilmente baixados, copiados e compartilhados.

Mais uma vez vemos a publicidade transpor para o seu caleidoscópio discursivo elementos de uma matriz artística, nesse caso o cinema, como já o fizera com comerciais de televisão, que plasmam a linguagem, a estrutura e a narrativa de cunho realista dos filmes de curta ou longa metragem. Os videorrelatos inauguram, assim, um novo gênero publicitário, um agente de contágio, de adesão e de compartilhamento tão "letal" quanto a atração que, no conto de Kafka, substituirá o artista da fome.

Na fábula kafkiana, como vimos, o jejuador se apresenta em numerosas cidades, para onde é levado por seu empresário – que o explora, como um "produto", um espetáculo tatuado com a sua marca –, e "assim viveu muitos anos, com pequenas pausas regulares de descanso, num esplendor aparente, respeitado pelo mundo mas, apesar disso, a maior parte do tempo num estado de humor melancólico, que se tornava cada vez mais sombrio porque ninguém conseguia levá-lo a sério" (Kafka, 2017, p.29).

Se antes o artista da fome era capaz de chamar a atenção e divertir o público durante anos, "se tinha sido aclamado por milhares de pessoas", o interesse pelo seu "trabalho", contudo, havia decaído, como sabemos desde as primeiras linhas da história. O veterano artista acaba sendo transferido para um grande circo, onde continua a jejuar por hábito, embora ninguém mais se interessasse por ele, nem atualizasse a tabela de seus dias de jejum, tampouco substituísse os belos cartazes que, depois de sujos, eram arrancados: "quando o público, nos intervalos do espetáculo, se comprimia junto às estrebarias para visitar os animais, era quase inevitável que passassem diante do artista da fome e parassem um pouco" (ibidem, p.32).

Seguindo a lógica da obsolescência programada dos produtos (Kotler; Keller, 2006), era hora de o artista da fome dar lugar a uma novidade. Sua exposição, seu "discurso", por assim dizer, chegou à saturação: "as pessoas acostumavam-se à estranheza de se querer chamar a atenção para um artista da fome nos tempos atuais e esse hábito lavrava a sentença contra ele" (Kafka, 2017, p.33).

Abandonado e sem encontrar um alimento que o agrade, o artista da fome jejua até a morte. O inspetor do circo ordena que ele seja enterrado com a palha da jaula, que passou a expor uma jovem pantera. As palavras do narrador sobre a nova atração no circo, para nós tão bem associada à estratégia comunicacional dos videorrelatos, são poderosamente persuasivas:

> Era um alívio sensível até para o sentido mais embotado ver aquela fera dando voltas na jaula tanto tempo vazia. Nada lhe faltava. O alimento de que gostava, os vigilantes traziam sem pensar muito; nem da liberdade ela parecia sentir falta: aquele corpo nobre, provido até estourar de tudo o que era necessário, dava a impressão de carregar consigo a própria liberdade; ela parecia estar escondida em algum lugar das suas mandíbulas. (ibidem, p.35-6)

O videorrelato dá a impressão de carregar consigo a liberdade das ações de guerrilha publicitária, quando, bem sabemos, não é, de fato, o registro "espontâneo" do que se passou, mas um filme, uma com maior alcance midiático, narrativa a serviço da divulgação do produto. Sendo assim, para a sua execução, concorrem os recursos de persuasão e convencimento próprios da publicidade audiovisual.

No conto de Kafka, quando o jejuador ainda não é "transferido" das ruas para o circo, havia quem o vigiasse, mesmo em épocas de menor interesse pela sua "performance", para assegurar que ele nada comeria durante os dias de "apresentação: eram "em geral, curiosamente, açougueiros, sempre três ao mesmo tempo, e que assumiam a tarefa de observar dia e noite o artista da fome para que ele não se alimentasse por algum método oculto" (ibidem, p.24).

Se bastava ao artista da fome ficar diante da plateia sem consumir comida alguma, e esse era o trunfo de sua arte de "persuadir", a sua prática se tornava terrivelmente difícil com a "ação participativa" dos vigilantes: eles o "perturbavam", turvavam seu estado de ânimo, fazendo gracejos, conversando e contando histórias, mantendo, enfim, o tempo todo, as suspeitas sobre o artista.

Os videorrelatos da guerrilha publicitária narram o "espetáculo" pelos olhos dos vigilantes, ou seja, dos criativos que o documentam por meio de uma história, pouco importa se são ou não originalmente os seus idealizadores. Cabe a eles, da mesma modo que elaboram comerciais para os anunciantes, fazerem um filme respeitando as premissas da narrativa realista para acentuar o diferencial de seu produto.

Assim, mimetizando a máxima de Flaubert (apud Wood, 2011, p.48) – "um autor em sua obra deve ser como um Deus no universo, presente em toda parte e visível em parte alguma" –, os criativos documentam a ação de guerrilha, então realizada na rua, por meio de um relato em terceira pessoa, um narrador observador, que não se deixa ver na história, mas que nela está presente, controlando-a plenamente.

Noutras palavras, regido pelos objetivos de comunicação, o videorrelato é um novo texto, não mais aquele da ação de qual uma pequena plateia participou, assistiu ao "show" do "personagem" performático, que representa a marca, e com ele interagiu; trata-se de um texto novo que, como as adaptações de obras literárias para o cinema, será produzido com ênfase nos "detalhes expressivos", garantidores da verossimilhança, como apontado por Carrascoza (2015) em seu estudo sobre a poética do filme publicitário.

A PRAÇA PÚBLICA NO REINO DIGITAL

A fábula de Kafka, persuasiva pelo choque e não pela suavidade, termina com o vaivém feroz entre as grades da jovem pantera, atração substituta do artista da fome: "a alegria de viver brotava da sua garganta com tamanha intensidade que para os espectadores não era fácil suportá-la. Mas eles se dominavam, apinhavam-se em torno da jaula e não queriam de modo algum sair dali" (Kafka, 2017, p.36).

Do mesmo modo, o internauta, por meio do YouTube e de redes sociais, se delicia com o mais novo videorrelato de guerrilha, testemunha não fiel de uma ação feita para poucos, mas transformada em outra história ao alcance de muitos. E assim a sua descoberta vai em frente, quase sempre compartilhada com outros internautas, até que outra ação efêmera do mesmo tipo, recriada em seguida na forma de videorrelato, venha substituí-la

Um videorrelato de grande repercussão foi feito a partir de uma ação com um manobrista de estacionamento de bar (interpretado por um ator) e os frequentadores do estabelecimento (Figura 2.6). O manobrista, com trejeitos de bêbado, é questionado pelas pessoas que percebem que deram a chave de seu veículo a um indivíduo embriagado, capaz de provocar acidente. Apenas depois de um enfrentamento real, o ator revela estar representando um papel e lhes entrega um panfleto com a mensagem "Nunca deixe um motorista alcoolizado dirigir seu carro. Mesmo que este motorista seja você".

Figura 2.6 – *Frame* do videorrelato *Drunk Valet* (Manobrista bêbado), ação de guerrilha para o Aurora Bar e o Boteco Ferraz, em São Paulo (Brasil)

Uma outra ação interativa aconteceu em uma estação de metrô em Estocolmo, patrocinada pela marca de veículos Volkswagen. Os degraus da escada correspondiam a teclas de piano que produziam música de acordo com a subida ou a descida dos transeuntes (Figura 8). A ideia era estimular a atividade física de habitantes sedentários, cujo número crescia na população do país. O público participou assim da própria exibição, saindo da postura de observador (o que já não acontece com o telespectador do videorrelato, que apenas consome a "história" dele). A partir dessa ação, o movimento de passantes pelas escadas teria crescido 66%,[6] com a perspectiva de esse índice ser multiplicado com o consumo midiático do videorrelato pelas redes sociais.

Figura 2.7 – Ação de guerrilha "social" no metrô de Estocolmo (Suécia)

FONTE: REPRODUÇÃO

O videorrelato da marca Dove, intitulado *Retratos da real beleza*, representou um marco desse tipo de estratégia ao promover uma ação de guerrilha sem a presença de público (ao contrário do artista da fome sempre sob o olhar imanente da plateia), compartilhada *a posteriori* na

---

6 Cf. https://ideasinspiringinnovation.wordpress.com/2009/10/11/inducing-peoples-behavior-via-the-fun-factor-taking-stairs-instead-of-escalators/Acesso em: 6 mar. 2019.

internet na forma de registro dessa iniciativa publicitária *sui generis*. A ação foi centrada no depoimento de mulheres que descreviam seu próprio rosto para um desenhista especializado em retrato falado, sem que ele as visualizasse. Em seguida, o desenhista produzia outro retrato a partir da descrição de uma pessoa que conhecera a retratada minutos antes. Ao fim, montava-se uma exposição com os dois desenhos com uma surpreendente revelação: o retrato feito a partir da descrição da própria depoente não a representava tão bela como o retrato criado pela descrição de uma desconhecida (Figura 2.8). O videorrelato, assim, "explicitava" o enunciado-chave do filme dirigido ao público feminino: "Você é mais bonita do que pensa".

Nessa ação, ao contrário das anteriores, nenhuma plateia acompanhou as etapas dessa "experiência", que foi registrada como uma peça audiovisual publicitária, com controle de edição e estrutura tradicional dos comerciais (narrador observador, *plot point*, detalhes expressivos etc.).

Figura 2.8 – Ação de guerrilha *Retratos da real beleza*

Entretanto, do mesmo modo que o magro jejuador do conto kafkiano foi substituído por outra atração mais "viva", essa ação de Dove – uma imponente pantera – também teve o seu tempo para capitanear a atenção do público. Embora acessível na internet, é vista como uma peça "antiga" e deixou de ser tão interessante (como o artista da fome), abrindo espaço para outros casos, que, por sua vez, darão lugar a outros mais atuais – e assim *ad infinitum*.

EPÍLOGO: OS ARTISTAS DO CONSUMO

Lembrando Philippe Artières (1998) e seus estudos sobre o arquivamento da vida, sobretudo nessa era em que é possível armazenar milhares de "documentos digitais", podemos dizer que os videorrelatos de guerrilha, compondo o universo marcário de seus anunciantes, formado por um imenso espaço-tempo diegético que é alimentado de forma intermitente, continuam acessíveis ao público, mas apenas na condição de memória, já que o presente exige a apresentação pública de outra jaula com atração inédita.

Não por acaso, na fábula de Kafka, o empresário do artista da fome já sabia o tempo de exposição máximo de sua atração: "A experiência mostrava que durante quarenta dias era possível espicaçar o interesse de uma cidade através de uma propaganda ativada gradativamente, mas depois disso o público falhava e se podia verificar uma redução substancial da assistência..." (Kafka, 2017, p.26).

Na era dos videorrelatos, ficamos à espera das novas panteras que invariavelmente vão nos fascinar, seja pela suavidade, seja pela presença perturbadora. E, assim, temos à disposição outra forma de produção e de consumo de publicidade.

Se na conclusão de sua obra clássica sobre a publicidade, *Magia e capitalismo*, Everardo Rocha (1990, p.27) pontua existir nos anúncios de mídia impressa o consumo dos produtos e o consumo da comunicação publicitária deles, no caso dos videorrelatos podemos notar três instâncias: 1) o consumo do produto (a sua materialidade); 2) o consumo daqueles que estiveram presentes na ação de guerrilha; e 3) o consumo midiático da ação editada como filme e lançada nos arquivos virtuais da internet.

No conto retextualizado, o jejuador se metamorfoseia em felino. A lírica subterrânea (o artista à beira da morte, a perturbação existencial) cede o lugar para a lírica de superfície (as novidades da vida comeziinha, a leveza do ser). Não irá nos surpreender se, um dia desses, no mundo digital, uma pantera publicitária se transformar num inseto capaz de – justamente por sua antigrandiosidade – magnetizar a plateia global.

Por fim: se os artistas e ativistas arriscam suas vidas com a contundência ideológica de suas obras, como Ai Weiwei, os guerrilheiros da publicidade, artistas que produzem novos tipos de consumo, buscam (sem consequências maiores para sua existência, senão algum insucesso profissional) evitar que as marcas anunciantes morram no esquecimento público.

3
Lágrimas na chuva[*]

A publicidade no futuro e o futuro da publicidade

PUBLICIDADE: O FUTURO DO PRETÉRITO

Não há como pensar no futuro se o dissociamos do passado. Ou, como enuncia com exatidão esse fragmento persa de uma obra anônima do século I depois da Hégira: "o passado é aquilo que conseguimos fazer do futuro" (Cruz, 2013, p.606). Quaisquer que sejam as noções de passado e futuro, elas são mediadas pelo presente que, como uma chave, faz imediatamente as águas desse se transformarem nas daquele. Assim, não é raro que, entre inúmeras possibilidades do porvir, aquela que irá se consolidar contenha, em seu bojo, substâncias do já vivido.

Essa consideração inicial nos serve para lembrar de que, no presente desdobrar do século XXI, ainda há visões anacrônicas sobre a função mercadológica da publicidade e a relevância cultural dela, que desencadeiam um pensamento limitado sobre seus desafios de longo prazo e a sua existência no futuro.

Embora estudos fundadores sobre o papel, a linguagem e a relevância da publicidade tenham sido feitos, desde os anos 1960, por acadêmicos do porte de Roland Barthes em sua obra *Mitologias* (2001) e Jean Baudrillard, em uma das partes de seu livro *O sistema dos objetos* (2002), é

---

[*] Originalmente publicado na revista *Galáxia*, São Paulo, n. 45, set.-dez., 2020, p.207-222.

corrente (e recorrente) o preconceito contra a atividade publicitária por parte não apenas do senso comum de consumidores insatisfeitos (Levy, 2003), mas também de extratos sociais, geralmente progressistas em sua formação cultural, como os escritores.

Até mesmo jovens universitários, graduandos em Publicidade e Propaganda, já em contato, no âmbito comercial (promoção de produtos e serviços), com as teorias e a história das estratégias publicitárias, e na esfera institucional (divulgação de conceitos e ideias) com partidos políticos, governos e ONG, revelam concepções estreitas de seu ofício, segundo pesquisa feita por Casaqui, Riegel e Budag (2011) com turmas desse curso em várias faculdades brasileiras. Emergem da narrativa dos estudantes entrevistados "contradições do significado do poder da publicidade. Esse poder é identificado como algo que pode transformar o mundo e, ao mesmo tempo, gera no profissional do futuro o temor de ser reconhecido como 'manipulador', ou de ser sujeito à manipulação" (ibidem, p.71).

Carrascoza (2015) aponta que o sistema midiático, formado por diversos fluxos comunicacionais, entre eles o publicitário, é ubíquo e onipresente e o compara à chuva de ouro, referindo-se ao episódio mitológico no qual Zeus, deus do Olimpo, se apaixona por Dânae, então aprisionada pelo pai Acrísio numa torre, penetra por uma fresta entre as telhas, como orvalho dourado, e fecunda a jovem. Não há como o indivíduo contemporâneo evitar tal chuva – ela está a toda hora e em todo lugar ensopando a sua (nossa) vida.

Nosso intuito é realizar uma retextualização nos termos de Bettetini (1996), isto é, operar a transposição de um texto de determinado domínio para outro. Em nosso caso, a partir do romance *Lágrimas na chuva* (texto literário), de Rosa Montero (2014), propomos uma discussão sobre certas concepções de publicidade que correm na esfera social, apoiando-nos em bibliografia teórica (texto científico). Montero é uma das mais aclamadas escritoras espanholas contemporâneas, vencedora dos principais prêmios literários de seu país – além de prêmios de jornalismo, ofício que também exerce há décadas.

A escolha dessa obra se dá por se tratar de uma ficção científica, com o personagem Roy Roy, uma espécie "evoluída" de homem-sanduíche (forma das mais primitivas de anunciar produtos e serviços). A trama da história é protagonizada por uma replicante, androide orgânico criado por Philip K. Dick em seu romance *Androides sonham com ovelhas elétricas?*, obra que deu origem ao filme *Blade Runner* (1982), cujo enredo apresenta uma visão da publicidade no futuro que nos interessa igualmente.

AS ESTRATÉGIAS PUBLICITÁRIAS DE PERMANÊNCIA

Em *Lágrimas na chuva*, Rosa Montero (2014) expande o universo futurista de Dick, reposicionando a narrativa no ano de 2109, um século à frente de nosso tempo, na cidade de Madri dos Estados Unidos da Terra, onde convivem de forma "civilizada" seres humanos e androides ou replicantes (esses criados para auxiliar aqueles em trabalhos perigosos, segundo o autor norte-americano, e acrescidos de outras particularidades por Montero). O conflito entre eles irrompe logo no início dessa ficção, quando alguns replicantes, subitamente enlouquecidos, suicidam-se ou são assassinados de forma violenta. Bruna Husky, a personagem principal, replicante que atua como detetive, é chamada para investigar o que e quem vem causando a loucura em sua "espécie" e desestabilizando a ordem social.

Bruna costuma frequentar o bar de Oli Oliar – uma humana que atende com hospitalidade os clientes – e, antes de começar suas diligências, que cruzam a história até as páginas finais, passa por lá certa noite para tomar um drinque. O bar estava vazio àquela hora, só havia uma pessoa que Bruna havia visto outras vezes no balcão. Era uma mulher-anúncio da Texaco-Repsol. Não há nenhuma interação entre as duas personagens nesse começo da narrativa; Bruna vai conversar com Oli sobre as recentes mortes dos replicantes, mas a ficcionista nos dá detalhes da mulher que personaliza a ação da publicidade e sua forma de propagação:

> Usava um horrendo uniforme com cores corporativas, coroado por um gorrinho ridículo, e as telas do peito e das costas reproduziam num *loop* infinito as malditas mensagens publicitárias da empresa [...] Era preciso ser um pobre desgraçado e ter tirado muito má sorte na vida para acabar caindo

num emprego daqueles: os seres-anúncios só podiam tirar a roupa durante nove horas por dia: no resto do tempo tinham de estar em locais públicos. (Montero, 2014, p.31)

Pelas palavras da narradora, em seguida saberemos que os seres--anúncios não podem entrar em estabelecimentos privados, uma vez que causam perturbação com o volume alto e intermitente da publicidade.

Figura 3.1 – Anúncio da Drogaria Granado, com ilustração de uma mulher-sanduíche

Por sorte, Oli Oliar tinha bom coração e permitia que Roy Roy, a mulher-anúncio, entrasse no bar desde que reduzisse o volume da mensagem. Por causa desse impedimento, os seres-anúncios "passavam os dias vagando pelas ruas como almas penadas, com os lemas publicitários martelando seus ouvidos sem cessar" (ibidem).

Tal descrição não nos conduz ao futuro, tampouco ao sistema da publicidade contemporânea – em que os espaços físicos perderam importância, como meio de divulgação das marcas, para o universo virtual, em que os indivíduos conectados em redes (cibernéticas, sociais etc.) vão, em qualquer tempo e lugar, ao encontro de enunciações publicitárias –, mas a um passado longínquo, mais precisamente ao tempo dos homens ou mulheres-sanduíches (Figuras 3.1).

Esse tipo de "anunciação", embora ainda presente (Figura 3.2), surge no início do processo de urbanização das grandes cidades, nas regiões centrais, tradicionalmente mais movimentadas por causa do grande fluxo de transeuntes.

Figura 3.2 – Homem-sanduíche (plaqueiros)

FONTE: REPRODUÇÃO

Curioso como, na visão da autora, a publicidade no futuro pós-nuclear (o espaço diegético de *Lágrimas na chuva*) retorna ao lócus público, nesse caso degradado, e é aceita unicamente na dimensão bruta da rua, do mundo físico, e desconectada da cultura digital.

Os homens-sanduíches de ontem e hoje eram (e continuam sendo) sujeitos que, sem capacitação profissional, submetem-se a esse tipo de exposição; já os seres-anúncios dos Estados Unidos da Terra, apesar de ganharem apenas "cem gaias" pela "tortura" de carregarem em seu corpo as telas emissoras das mensagens publicitárias repetidas à exaustão, recebem por contrato o ar cedido pela Texaco-Repsol – um privilégio, pois, na narrativa, o ar é pago e caríssimo. Essa isenção, esse "benefício" dado a Roy Roy era bastante relevante, "porque a cada dia menos pessoas conseguiam pagar por um ar respirável, sendo obrigadas a se mudar para alguma das zonas contaminadas do planeta. Na verdade, muitos matariam para conseguir aquela porcaria de trabalho" (ibidem).

Se, por um lado, em tempos não muito distantes, os publicitários eram vistos como alienados e alienadores, mas como integrantes da "tribo de *white collars*" gozavam de certo *status* social pela magia produziam com suas ações (Rocha, 1990), por outro lado, a pesquisa de Paulino (2011) sobre o perfil sociocultural de quem produz informação publicitária mostrou que a reputação dessa profissão está em baixa e, sem o *status* compensatório do passado, os salários entraram numa fase minguante e seguem em linha descendente. Isso sem contar outros fatores que inquietam os publicitários, quando não os atormentam, como a competição no trabalho, "fator que conforma comportamentos que nem sempre têm respaldo em valores éticos. A concorrência entre colegas, a falta de camaradagem, jornadas de trabalho extensas, ritmo acelerado de trabalho colaboram para situações de tensão e estresse" (ibidem, p.109).

Em sua gênese, a publicidade adotou como estratégia a "lógica da interrupção" (Carrascoza, 2008). Na linha do tempo histórica e diacrônica da ação publicitária, o homem-sanduíche, seu primeiro agente, não apenas carrega os dizeres do produto ofertado na tabuleta em seu peito e costas, mas também se posiciona à frente dos passantes nos espaços públicos, interceptando seu caminho enquanto profere pregões sobre o produto e chamamentos para o seu consumo. Os anúncios classificados, por sua vez, eram e são encaixados nas páginas de jornais entre as reportagens para que o leitor interrompa temporariamente a leitura de notícias e desvie o olhar para a propaganda. Já os anúncios em formato maior, espraiados em uma página ou em página dupla de jornais e revistas, foram e são inseridos no meio das reportagens de fundo e matérias informativas. Os *outdoors* e *backligths* seguem dispostos nas áreas urbanas e às margens das estradas para atrair o olhar das pessoas, então atentas para o traçado da cidade e a paisagem viária. As peças de rádio, *spots* e *jingles* são veiculados entre os blocos da programação, assim como os filmes publicitários nos intervalos comerciais (*breaks*) da televisão.

Esses formatos tradicionais da publicidade ganharam, com o tempo, o reforço de uma nova estratégia (de sobrevivência), que podemos denominar de "entranhamento", já que a anterior, como vimos, se baseava em mostrar ao público, nos meios de comunicação, um material diferente de sua textualidade, um "estranho" no ninho.

Com a prática criativa de "entranhar" surge o *product placement*, cuja estratégia, diferente da lógica da interrupção, apoia-se na colocação de marcas comerciais na trama de filmes de longa-metragem, capítulos de telenovelas ou episódios de seriados etc., retirando do público a possibilidade de evitar ou de se desviar da mensagem publicitária, que, nesse caso, impõe-se de forma incontornável.

Não por acaso, no filme *Blade Runner*, de 1982, baseado na mesma matriz da história de Rosa Montero (2014), temos um exemplo clássico de *product placement* do cinema hollywoodiano, com a presença em cena das marcas Coca-Cola, Atari e Pan Am (Figura 3.2), entre outros anunciantes.

Na continuação do primeiro filme, *Blade Runner 2049* (2017), notamos a marca Coca-Cola (Figura 3.4) por meio do mesmo estratagema de entranhamento do logotipo no enredo.

Não deixa de ser expressiva a prática do *product placement* em filmes com tema distópico, embora não seja uma de suas prerrogativas, já que se avolumam exemplos – tanto "históricos" quanto recentes –, desse tipo de ação comunicativa em narrativas audiovisuais cujo tempo diegético se assemelha ao nosso presente.

Figura 3.3 – *Product placement* da marca Pan Am no filme *Blade Runner* (1982)

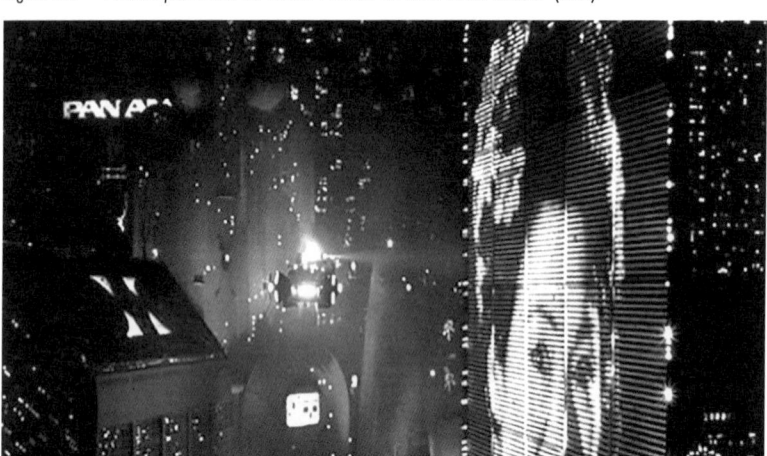

FONTE: REPRODUÇÃO

Figura 3.4 – *Product placement* da Coca-Cola no filme *Blade Runner 2049* (2017)

FONTE: REPRODUÇÃO

Rocha (1990, p.156) assinala que o sistema publicitário, tal qual o mito, é refratário às mudanças, aos eventos, às transformações, e seu movimento é o da "supressão do tempo"; portanto, seu jogo aspira à permanência – hoje e também amanhã, uma vez que o amanhã está colado ao hoje, é o amanhã-imediato resultante do hoje-instantâneo. A existência de uma marca numa história que se desdobra no futuro, comprova a tática "original" da publicidade tanto quanto a sua (inútil) aspiração à perenidade.

Até o pretérito serve às artimanhas das marcas e, nesse ponto, há casos de *product placement* que exploram a trajetória do anunciante investindo em sua "permanente" importância. Um exemplo antológico está no episódio final da série *Mad Men* (expressão que define os publicitários desse seriado que se passa nos Estados Unidos dos anos 1960), quando se projeta o comercial *Hilltop* de Coca-Cola, com uma cena incomum para aquela época – e célebre para nós décadas mais tarde: pessoas de todas raças e idades cantam uma música que propõe a paz e a união dos povos num tempo em que se intensificavam os protestos contra a Guerra do Vietnã (Figura 3.5).

Figura 3.5 – Comercial *Hilltop*, da Coca-Cola, veiculado no episódio final de *Mad Men* (2015)

FONTE: REPRODUÇÃO

Se, ao longo do século XX, alguns filmes carrearam o *product placement* em seu núcleo, mesmo de forma incipiente, é na década de 1980 que essa prática se intensifica e ganha destaque mercadológico e repercussão midiática mundial com a aparição do doce Reese's Pieces da Hershey's no filme *E.T. – O extraterrestre* (1982), dirigido por Steven Spielberg (Figura 3.6).

Figura 3.6 – Reese's Pieces, produto da marca Hershey's, em cena do filme *E.T.* (1982)

FONTE: REPRODUÇÃO

Vale ressaltar que, nos últimos anos, o *product placement* se aprimorou, não se restringindo apenas a produzir o entranhamento de marcas (ou produtos) nas produções audiovisuais, mas também as integrando no corpo da narrativa de maneira natural, cumprindo a premissa persuasiva enunciada pelo poeta Fernando Pessoa, que atuou nesse ofício: "o princípio essencial da publicidade deve ser de esconder o máximo possível, ou de tornar o mais agradável possível, o intuito publicitário" (Ferreira, 1986, p.148). Nesse sentido, atualmente as marcas são incluídas cirurgicamente na trama dos longas-metragens como detalhes, recurso narrativo que visa sedimentar a verossimilhança, como nos lembra Wood (2011) em *Como funciona a ficção*.

Esse artifício discursivo denota a adaptação das técnicas publicitárias ao universo midiático digital da contemporaneidade, a milhas de distância da ruidosa e inconveniente mulher-anúncio da Texaco-Repsol "imaginada" por Rosa Montero (2014) em seu romance. A propósito, a protagonista de *Lágrimas na chuva* encontrará Roy Roy outras vezes, sempre a vendo como uma criatura marginalizada e desprezível, igual aos androides (ou reps): "Bruna [...] acreditava que a discriminação contra os reps se englobava numa discriminação maior: a dos poderosos contra os iludidos. Como aquela pobre humana do bar de Oli, a mulher da Texaco-Repsol" (ibidem, p.46). Num desses encontros, na entrada do Mercado de Saúde, onde ocorria um alvoroço, Bruna irá inclusive intervir a seu favor:

> [...] dois jovens humanos grandes, fortes e desagradáveis, um branco e outro negro, com as cabeças raspadas em listras típicas dos valentões supremacistas, davam empurrões e bofetadas numa pessoa-anúncio. Jogavam-na de um para o outro e a insultavam, divertindo-se com ela e com sua humilhação.
>
> – Cala essa boca de uma vez, papagaio! Estamos cheios da sua propaganda.
>
> – Não posso apagar – choramingava a vítima.
>
> – Não posso apagar, não posso apagar... Não sabe dizer outra coisa, velha suja? Velha asquerosa, esta mendiga... pois se enfie num buraco para que ninguém te ouça!
>
> A pessoa-anúncio era a mulher de Texaco-Repsol que às vezes parava no bar de Oli. (ibidem, p.122)

Ferida, mas salva dos agressores pela detetive, Roy Roy se senta no chão e se acocora apoiada na parede (o profissional de propaganda sofre ataque similar por aqueles que abominam essa atividade, considerando-a como "retórica do capital"). Da tela acoplada no peito e nas costas da pobre mulher, o bordão publicitário continuará gorgolejando: "Energia limpa para todos, poder renovável para um futuro feliz".

Contudo, no presente, os "papagaios" da publicidade ostentam esperteza e dissimulação ainda mais sofisticadas: o *product placement* se espalha não apenas nas produções cinematográficas e televisivas, mas também em livros, *games*, *blogs*, páginas de empresas em redes sociais, atestando a expansão contínua e o poder adaptável da mensagem publicitária.

Nos últimos anos, em escala mundial, a publicidade vem somando à sua lógica de interrupção (vigente em formatos tradicionais) e à estratégia do entranhamento (alargada no tecido das produções culturais) a técnica rizomática da publicização que abordaremos a seguir.

O FUTURO DO PRESENTE NA PUBLICIDADE

O entranhamento da publicidade em conteúdos midiáticos, como o *product placement*, mesmo que de forma menos invasiva, não oculta o intuito publicitário. Ao contrário, permite que a marca ou o produto ascendam, de súbito, em meio ao substrato narrativo no qual são inseridos. A rigor, a lógica da interrupção ali também está presente, subentendida, como uma esfera dentro de outra, posto que o público pode ver a "anunciação" atravessando a história.

Só a ação mimética, então, poderia tornar o "disfarce" da propaganda menos perceptível – e é justamente o efeito de camaleão que surge como novo aditivo para somar-se às outras estratégias de veiculação: chegamos ao filme publicitário feito para não se parecer, nem se credenciar como tal. Esse tipo de vídeo dispensa a interrupção e o entranhamento, já que é publicidade travestida de bem cultural para ser consumido e compartilhado pelo público, inaugurando um novo contrato comunicacional.

A série *The Hire*, da indústria automobilística alemã BMW, foi umas das obras pioneiras a adotar a mimese publicitária, ao veicular na internet, em 2001, cinco filmes de ação de curtíssima metragem (com menos de dez minutos), dirigidos por cineastas populares e protagonizados por astros de Hollywood, como Clive Owen (Figura 3.7). Nessa série, o automóvel aparece como adjuvante das micro-histórias ficcionais, mas não há inserção nem da logomarca nem do slogan da empresa, recurso convencional da publicidade audiovisual.

A segunda temporada da série, levada ao ar em 2002, adicionou três novos filmes ao conjunto, e todos os oito "plasmam" o formato cinematográfico de entretenimento, gerando o termo *advertainment*, fusão dos termos *advertising* (publicidade) e *entertainment* (entretenimento).

Ribaric (2009), em seu estudo sobre esse caso, nos mostra como a mensagem publicitária se aloja na narrativa e, sobretudo, em seus não ditos. Para nós, a estratégia do entranhamento se faz não quando a marca BMW "surge" na ação, mas quando há o apagamento da intenção publicitária, tornada "insignificante" para a narrativa e substituída pela exibição, por exemplo, do interior requintado do carro, da

Figura 3.7 — Vinheta de apresentação do episódio Hostage da série *The Hire* (2001)

FONTE: REPRODUÇÃO

performance dele nas cenas de perseguição, do design exterior e demais detalhes do automóvel. Desse modo, de tão bem plasmado pela publicidade, temos um vídeo cultural que não explicita seu caráter publicitário (Figura 3.8).

Exemplos desse tipo e de outros formatos comunicacionais "imitados" pela publicidade se multiplicaram nas duas últimas décadas, a ponto de o festival de publicidade de Cannes ter se tornado um festival de criatividade e negócios, incorporando numerosas categorias de participação. Essa nova estratégia e consequente tática, que nomeamos de "homocromia", em que um material midiático "oculta" seu conteúdo persuasivo, nos levam a constatar que a publicidade possui mais um novo processo de produção, do qual faz parte sua desterritorialização informativa, ocupando novas "formas de estar", dessemelhantes de seu, até então, conhecido "modo de ser".

Figura 3.8 – Automóvel da marca BMW em episódio da série *The Hire*[1]

FONTE: REPRODUÇÃO

Diante desse quadro em que a comunicação publicitária abrange também os formatos industriais que encapsulam sua identificação como formação discursiva, Casaqui (2011, p.141), apoiado no mapa das mediações do semiólogo Jesús Martín-Barbero e em suas matrizes culturais, propôs o termo "publicização" para denominar

> [...] as ações que não se encaixam nos espaços reservados no intervalo das atrações televisivas, nas páginas com estética diferenciada dos produtos editoriais, nos entremeios das entradas dos locutores da programação do radialismo, nos *outdoors* e em outros padrões destinados tradicionalmente às narrativas e imagens publicitárias.

O autor apresenta casos em que a definição restrita de publicidade é incapaz de dar conta e nos quais a palavra publicização melhor se ajusta. Contudo, ainda que não pretenda categorizar todos ou boa parte dos formatos publicitários possíveis e já explorados com mais ou com menos criatividade, uma vez que não ignora as mutações constantes – e

---

1 Disponível em: <http://www.locosdelmotor.com/pt/2015/11/18/madonna-y-su-via-je-en-bmw-m5/>. Acesso em: 15 ago. 2019.

constituintes – dos processos produtivos da publicidade, Casaqui assenta sua proposta teórica numa equação na qual o público (como agente engajado a serviço da marca) é uma grandeza fixa e invariável. Inegavelmente, a cooptação do consumidor, por meio de plataformas colaborativas, e de sua ação como coprodutor, seja na criação de um produto, seja na própria midiatização do discurso marcário, seja até mesmo alçado a protagonista da narrativa publicitária, exemplifica bem a publicização (ou como a velha publicidade)

> [...] assimila o consumidor em sua trama para propor novos significados para as relações entre produtores e consumidores – muitas vezes, embaralhando os papéis para construir o sentido da legitimidade, da identidade com seu "público-alvo", para enfim, mergulhar no espírito do seu tempo e emergir como fantasmagoria cada vez mais complexa, mais instigante. (ibidem, p.148-149)

Não obstante a relevância da teoria da publicização, a ação publicitária tem avançado por outras direções, como vimos em sua recente ação camaleônica, visando atenuar a algaravia da interrupção e retirar o caráter de anexação das marcas no *product placement*. Até mesmo Roy Roy, ao longo do enredo de *Lágrimas na chuva*, vai abafar a mensagem da propaganda, quando cobre as telas de seu peito e de suas costas "com várias lâminas de *poliplast* isolante autoadesivo" (Montero, 2014, p.154).

No processo em curso de adaptação da publicidade, para citar algumas de suas sequentes configurações mutantes pouco investigadas temos as ações de *branded experience*, que publicitários denominam de *live marketing*. Os casos se avolumam. Entre as mais recentes "experiências" proporcionadas ao público no Brasil, podemos citar a de Amstel District (Figura 3.9), realizada em uma praça da cidade de São Paulo transformada em território holandês, com oferta de arte, cultura, gastronomia e música de Amsterdã – e, claro, com a presença da empresa que tornou a festa possível, a cerveja Amstel produzida na Holanda.

Nesses casos, a marca mimetiza o corpo e a essência de manifestações culturais, shows artísticos, torneios esportivos etc., tomando para si, como divisa identitária e "lucro" para sua imagem, o prazer do

Figura 3.9 – Evento Amstel District, em São Paulo (2019)

FONTE: REPRODUÇÃO

pertencimento vivenciado pelos participantes. Fontenelle (2017) vê a expansão desse marketing experiencial como uma das formas contemporâneas da cultura do consumo e, em adição, acreditamos que o presente do futuro e o futuro imediato são suas reverberações e seus alaridos no ambiente digital, convocando o consumidor para compartilhar sua vivência e midiatizar a iniciativa do anunciante.

Cabe lembrar aqui os estudos de Prado (2013) sobre os regimes de convocação. Embora não sejam centrados na publicidade, podemos dizer que ela é o domínio comunicativo no qual a convocação – o impulso enunciativo que incita o público a fazer algo – é elemento "obrigatório" em seu discurso desde o advento dos homens-sanduíches e dos anúncios classificados. No entanto, ainda que se faça sentir em sua forma-padrão de motivar o consumidor, como nas telas publicitárias de Roy Roy, "convocando" os habitantes da Madri futurista a "comprarem" e/ou "consumirem" o ar comercializado pela Texaco-Repsol, a publicidade, quando levada à prática da homocromia, apresenta convocação implícita, quando não propositalmente silenciada, posto que não importa mais o "agir" em direção ao produto a partir da recepção da mensagem, mas o "esquecer" que ele atua sobre si. Em outros termos, como apontou

Baudrillard (2002), é a lógica do Papai Noel assumida pela publicidade: sabemos que o bondoso velhinho é uma figura ficcional, mas "acreditamos" coletivamente em sua mítica para consumir na época do Natal.

É essencial ratificarmos que as metamorfoses da publicidade não vêm acontecendo apenas em sua estrutura formal, mas também no plano discursivo, o que exige outro estudo focado no exame dos novos estratagemas argumentativos que o seu conteúdo comporta. Dois deles, contudo, merecem menção: o primeiro, relacionado ao que Safatle (2009) batiza de "bipolaridade da marca", manifesta-se em campanhas publicitárias nas quais as marcas assumem posições discursivas polêmicas, contrárias à ordem social, podendo afastar seus consumidores; o segundo, que guarda proximidade com o anterior, é a tática da *outrage* – a "propaganda de choque" –, que veicula mensagens capazes de assustar ou ofender o próprio público, violando propositalmente normas de conduta. Algumas campanhas de Oliviero Toscani, para a grife italiana de roupas Benetton, investindo em imagens trágicas, tornaram-se antológicas pela polêmica que provocaram (Figura 3.10).

Figura 3.10 – Anúncio da marca Benetton, uma das precursoras da propaganda de choque (*outrage*)

Sintomático, mas não imprevisível (e aqui não há como evitar o *spoiler*), é o final do romance de Montero (2014): Roy Roy, a mulher--anúncio, revela-se uma das cientistas mais renomadas dos Estados Unidos da Terra e também a responsável pela morte violenta dos replicantes. Não deixa de ser óbvio que, representando os ardis da publicidade, seja ela a culpada pelo conflito que comandou a história.

O FUTURO DA PUBLICIDADE: CHUVA E LÁGRIMAS

Convém ressaltar, nessas linhas finais, que a publicidade continua a operar com a lógica da interrupção (homem-sanduíche) e a do entranhamento (*product placement*). A estratégia de homocromia, por sua vez, tem coincidentemente em *Lágrimas na chuva* seu exemplo modelar: a obra mimetiza o cenário pós-inverno nuclear de *Blade Runner*, fazendo uma espécie de publicidade do filme e da obra de Philip K. Dick, que o gerou. Como admiradora e consumidora do universo ficcional desse autor, Montero (2014) o "publiciza" na ficção científica que retextualizamos.

A propósito, no primeiro filme *Blade Runner*, o antagonista da história, um androide que parece ter alcançado a complexidade humana, antes de se suicidar, enuncia: "Eu vi coisas que vocês humanos nunca acreditariam. Naves de guerra em chamas na constelação de Orion. Vi raios-C resplandecentes no escuro perto do Portal de Tannhaüser. Todos esses momentos se perderão no tempo, como lágrimas na chuva. Tempo de morrer".[2] Não por coincidência, em *Blade Runner 2049*, continuação da primeira história, vemos em uma cena um *backlight* a logomarca da marca Sony – *product placement* da produtora do filme (Figura 3.11).

As mensagens publicitárias não são lágrimas que se diluem na chuva, mas são uma espécie própria de chuva, a de ouro, na qual Júpiter se transformou, o que as faz presentes em todo e qualquer espaço comunicacional, cada dia mais disfarçadas, ao contrário de Roy Roy criada por Rosa Montero (2014).

---

2 Cf. personagem Roy Batty no final do filme *Blade Runner* (1987) em: https://www.youtube.com/watch?v=HU7Ga7qTLDU. Acesso em: 28 maio 2023.

Figura 3.11 – Marca Sony, *product placement* no filme *Blade Runner 2049* (2017)

FONTE: REPRODUÇÃO

Talvez forçada por uma tragédia nuclear, no futuro a publicidade tenha de se desenglobar e se territorializar novamente, explicitando--se para não ser confundida com outra forma (ainda que híbrida) de comunicação, e convocar o público de modo também explícito, como o fazia no início das suas atividades. Teremos, então, a revalorização dos homens-sanduíches no presente – e, no futuro, sua representação perfeita seria ironicamente a mulher-anúncio, como Roy Roy.

Gleiser (2019, p.211) nos lembra que, se ninguém pode prever o futuro, podemos ao menos pensar nele ao "extrapolar o que sabemos no presente da melhor forma possível". Se Roy Roy representar a publicidade do amanhã, saberemos também como serão os futuros profissionais publicitários. Talvez a publicidade continue a ser o que ela é desde o início, conforme Schudson (1986): a propaganda de nosso tempo. Tempo, desse modo, velho e efêmero, de sermos humanos.

4

A publicidade sem caráter
e a estética do velamento[*]

ESSES TEMPOS LÍQUIDOS E LISOS

É de amplo conhecimento no campo das ciências sociais o conceito de liquidez, trazido por Zygmunt Bauman em algumas de suas obras, especialmente em *Modernidade líquida* (2001), para interpretar o momento histórico contemporâneo, fruto de transformações econômicas, sociais e culturais do capitalismo globalizado, estágio no qual o estado de solidez das instituições, das relações comerciais, dos vínculos humanos – mais precisamente tratados em *Amor líquido* (2004) – e até mesmo das construções intelectuais e das ideias perde espaço para o que é fluido, para o que é incapaz de manter a forma e, em consequência, escorre, esvai e transborda.

Nesse período de fluidez, precedido pela modernidade então sólida (quando as mudanças seguiam num ritmo lento, dando às sociedades humanas certa sensação de controle e segurança), os padrões não são mais tão rígidos, tornaram-se temporários e se liquefazem continuamente, gerando angústia, temor e violência.

Embora Bauman não tenha se detido nas questões associadas diretamente às características dessa fluidez na comunicação e tampouco na arte, seu conceito pode ser expandido para esses dois domínios. Sem

---

[*] Originalmente publicado na revista *Rumores*, São Paulo, v.14, n.27, p.169-188, jan.--jun. 2020.

se opor a ele, conquanto também sem assumir as ideias dele, o professor sul-coreano de filosofia Byung-Chul Han nos propõe outra chave interpretativa na obra *A salvação do belo* (2019) – o advento do "liso" (e a sua positividade) –, para pensarmos a estética desses tempos centrada sobretudo no universo digital:

> O liso é a marca do presente... Além do efeito estético, nele se reflete um imperativo social universal. Ele corporifica a sociedade *da positividade* atual. O liso não *quebra*. Também não opõe resistência. Ele exige *likes*. (Han, 2019, p.7)

Propomos aqui alargar as reflexões de Han para o sistema publicitário, uma vez que esse sistema é formado por uma constelação de discursos comunicacionais, tendo nas artes uma de suas principais matrizes – e, podemos acrescentar, continua a mimetizar as formas de ver e de dizer e os procedimentos de linguagem das mais variadas expressões artísticas.

Constituinte da malha midiática contemporânea, o sistema publicitário vem igualmente se transformando com rapidez, em virtude das inovações tecnológicas das últimas décadas, buscando explorar de maneira ininterrupta o diálogo com os consumidores por meio de redes sociais digitais, entre outras possibilidades de interações comunicativas. Covaleski (2010) nomeia inclusive de "publicidade híbrida" certa configuração produtiva que resulta dos materiais publicitários contemporâneos e que se apoiam em três colunas: o entretenimento, a interação e o compartilhamento, possível unicamente graças à evolução da internet, a partir da consolidação da web 2.0.

As primeiras peças publicitárias, os *affiches* espalhados pelas ruas de Paris na Belle Époque, eram gravuras assinadas por importantes pintores, que a elas se dedicavam com o mesmo esmero e estilo dispensado às próprias obras. Como exemplo, um *affiche* de Alphonse Mucha, criado para promover os biscoitos Champenois (Figura 4.1), foi integrado às obras completas do pintor pela qualidade artística sob o título de *Rêverie*,[1] sem a inscrição da marca comercial (Figura 4.2).

---

1 Essa litografia foi originalmente criada em 1898 para o calendário da empresa Champenois. Sua popularidade imediata levou à rápida publicação pela revista

Figura 4.1 – *Affiche* de Alphonse Mucha criado para a marca de biscoitos Champenois

FONTE: REPRODUÇÃO

Figura 4.2 – *Rêverie*, de Alphonse Mucha, sem a marca Champenois

FONTE: REPRODUÇÃO

Os formatos publicitários que se seguiram aos *affiches*, os anúncios de jornal e revista incorporaram recursos pictóricos na instância visual e literários na instância verbal. O mesmo ocorreu com os *jingles* produzidos para as rádios a partir dos anos 1920 e, posteriormente, para os filmes publicitários veiculados em cinema e televisão, ao assumirem a estrutura melódica dos ritmos musicais.

Uma farta e consistente bibliografia nacional e estrangeira comprova as apropriações da arte pela publicidade, bem como iniciativas da arte que se inspiraram no mundo das marcas comerciais e dos produtos consumidos na vida cotidiana,[2] como é o caso da pop art. E, da mesma maneira que a publicidade se vale de fundamentos da narrativa literária em seus comerciais, a literatura incorpora formatos publicitários, como no conto da escritora Luana Chnaiderman (2018, p.83), que apresenta o formato de anúncio classificado:

> Tiramos os pelos da perna, da sobrancelha e do cu. Depilação completa, egípcia. Tiramos calos, peles, cutículas, buço e axilas. Tiramos os poros da pele, a pele do corpo. Esfoliação, *peeling*. Drenamos e modelamos. Tiramos a cor dos cabelos e dos cachos. Chapinha, progressiva, não usamos formol. Tiramos os pelos das costas, da barriga, rugas e marcas de expressão. Tiramos o escuro dos dentes, o torto dos dentes e os dentes do siso. Tiramos gorduras, coxas, ancas, barrigas, braços e costas. Celulite, cicatriz, tatuagem. As sardas do rosto, as estrias da perna, parte da bunda, dos seios. Uma costela. Aceitamos pagto em parcelas.

Assim, pretendemos trabalhar a concepção de Han (2019) sobre o belo a partir de nossa perspectiva, investigando como esse conceito se espraia nos modos de ver e de dizer da publicidade, além de discutirmos

---

La Plume como painel decorativo com o título *Rêverie* (Devaneio). Cf. http://www.muchafoundation.org/gallery/browse-works/object/78. Acesso em: 11 nov. 2019.

2 Citamos aqui três desses estudos: o livro *Ad land: a global history of advertising*, de Mark Tungate, *Redação publicitária: a retórica do consumo*, de João Anzanello Carrascoza e a tese de doutorado *El proceso creativo publicitario: la importancia de las apropiaciones artísticas en la práctica de la dirección de arte en Brasil y España*, de Roberta Fernandes Esteves.

suas implicações em relação ao consumidor, posto que a comunicação publicitária *online* ajusta sua estética no ambiente digital para produzir constante engajamento do público –sua finalidade é *fazer saber* (por meio de argumentos, vetor apolíneo) e/ou *fazer crer* (pela sensibilização, vetor dionisíaco), conforme demonstra Carrascoza (2004).

O BELO CONTEMPORÂNEO, O LISO, O DIGITAL

Em *A salvação do belo*, Han (2019) reúne pequenos, densos e interligados ensaios sobre a estética do liso, o ideal do belo, sua política e sua criação, além de temas correlatos: a beleza como verdade e como reminiscência, entre outros assuntos. Interessa-nos , a conceituação do belo em seu pensamento, guia de nossa discussão adiante. Han (ibidem, p.43, grifos nossos) assim o faz, textualmente:

> *O belo é algo oculto.* Para a beleza, o encobrimento é essencial. A transparência não se dá com a beleza. A *beleza transparente* é um oxímoro. A beleza é necessariamente uma *aparência*. Nela reside uma *opacidade*. *Opaco* quer dizer sombreado. A revelação desencanta e o destrói. Assim, o belo é *indesvelável* segundo sua essência.

A ideia de que o belo é essencialmente "indesvelável" leva Han a abordar o que é, no outro extremo, aquilo que se revela em total plenitude e é explicitado ao máximo: a pornografia. Nesse sentido, para ele, a pornografia é a figura oposta ao belo.

Podemos dizer que a beleza na publicidade aspira ao erótico, ao que não se mostra de saída, ao que atrasa, como nos lembra Carrascoza (2015): nos filmes publicitários, o produto se revela apenas no final como detalhe expressivo da narrativa, não atravessa toda a ação da trama, move-se justamente ao contrário – é o principal (o produto) que se torna secundário nas histórias da publicidade, ocupando os últimos poucos segundos no tempo de duração do audiovisual:

> [...] o objetivo dessa estratégica, de inserir o detalhe no fim do comercial, no instante em que se atinge o ápice da narrativa – o desfecho da história –, é

gerar a identificação e, por meio desta, o consequente contágio. A empatia, assim, se estabelece, pela estética da sugestão. (ibidem, p.48)

Se "esconder, atrasar e despistar são estratégias espaçotemporais do belo", conforme afirma Han (2019, p.44), o mesmo ocorre nos filmes publicitários, em sua forma canônica, com o desenvolvimento do enredo ocupando quase todo o tempo do filme (tradicionalmente entre trinta segundos e um minuto na veiculação para televisão), e a inserção do logotipo da empresa anunciante e a respectiva enunciação de seu posicionamento apenas no final da peça. O posicionamento, aliás, tangibiliza o seu slogan, que opera como moral da história narrada, momento único em que explicita para o público o que pretende, o seu *fazer saber* ou o *fazer crer*.

Se "ser-belo é fundamentalmente ser-velado" (ibidem, p.45), não é por acaso que a publicidade igualmente vai "construir" suas peças audiovisuais mantendo, até o instante derradeiro da narrativa, o velamento de seu intuito – a promoção do produto, do serviço ou da marca.

Em outras palavras, Han nos diz que o "invólucro é mais essencial do que o objeto velado" (ibidem, p.46), o que nos leva a pensar na "opção" adotada pela publicidade, à semelhança da arte, pelo ocultamento em sua narrativa de seu conteúdo principal, e em convergência com o ponto de vista de Fernando Pessoa, poeta e também publicitário em seu tempo que dizia: "o princípio primeiro da publicidade é esconder seu objetivo" (apud Ferreira, 1986, p.148).

No entanto, a recente evolução tecnológica que disseminou o hábito do telespectador de *zapear*, isto é, buscar pelo controle remoto outros produtos midiáticos, em especial durante os intervalos comerciais, nos quais os filmes publicitários tradicionais são veiculados, obrigou o sistema publicitário a explorar outras formas de interação no domínio das produções culturais midiáticas, notadamente aquelas de entretenimento.

É nesse contexto que passa a ser adotado com mais frequência o *product placement* – inserção de produtos ou logomarcas de anunciantes em filmes, documentários, seriados, telenovelas etc., de forma integrada ao contexto ficcional. A presença publicitária se dá, portanto, fora dos *breaks*, infiltra-se precisamente na "lisura" da história de seu "hospedeiro", não em seu assumido e costumeiro material fílmico, reconhecido como tal pelo público, mesmo que seu intuito mercadológico, como vimos, seja revelado só no final.

Essa é, pois, uma das formas pela qual a publicidade se adapta à estética do liso, "fenômeno genuinamente contemporâneo", como preconiza Han (2019, p.27). Em outras palavras: o conteúdo da publicidade está velado ao longo da produção cultural fílmica, "revelando-se" em momentos seletivos, e, ainda assim, não explicitamente – à semelhança de seios femininos num vestido decotado –, seguindo a estratégia do velamento, que "erotiza o texto" (ibidem, p.46). Nesse sentido, o rasgo, a quebra, a brecha constituem o erótico (ibidem, p.49). E é precisamente o que vemos nas ações de *product placement*, nas quais, de súbito, o produto (ou a marca) aparece encaixado nas dobras do espaço diegético, como explicitaremos a seguir.

PRODUCT PLACEMENT, ESTÉTICA E VELAMENTO

Numerosos são os exemplos de *product placement* no âmbito das produções audiovisuais, que aqui nos interessam em especial, não obstante essa prática se espraiar igualmente pelo tecido de outras "mídias", como nas narrativas literárias, conforme aponta Ribaric (2019, p.24), ao investigar, em consulta a vários estudiosos do assunto, as mutações desse conceito

> [...] no Japão do século XVIII, [quando] Santo Kyoden, um popular escritor de ficção *gesaku* e *kibyōshi* (livros de imagens satíricas), *sharebon* (livros espirituosos sobre moda), *kokkeibon* (ficção cômica), *hanashibon* (livros humorísticos) e *yomihon* (livros de leitura), também conhecido por ilustrar suas obras, inseria informações sobre sua própria loja de tabaco nas histórias que escrevia.

Na literatura brasileira, Carrascoza (2002, p.82-3) realça o caso pioneiro de Monteiro Lobato, que inseriu na obra *O Saci Pererê*, mensagens de anunciantes que colaboraram financeiramente com os custos da primeira edição do livro, como a mensagem das máquinas de escrever Remington e a dos chocolates Lacta (Figura 4.3).

Figura 4.3 – Anúncios das marcas Remington e Lacta na primeira edição de *O Sacy Pererê* (1918)

FONTE: REPRODUÇÃO

Na esfera do cinema e da televisão, segundo Russell (1998), há três maneiras de concretizar a utilização do *product placement*: 1) a inserção unicamente visual da marca do anunciante (ou da embalagem do produto) na cena; 2) a inserção verbal/auditiva, quando o nome da marca (ou produto) é enunciado pelos personagens; e 3) a inserção imbricada no enredo, o chamado *plot placement*, que vai além da simples aparição (visual) ou menção (verbal/auditiva) do produto, mas é parte essencial e determinante do enredo e, portanto, elemento compulsório que se molda na narrativa ficcional. Independentemente do número de aparições e/ou menções verbais da marca ou do produto, essas são invariavelmente janelas discretas – ou falaciosamente indiscretas – por meio das quais a publicidade se materializa. Elas se abrem para que a mensagem publicitária acenda a luz e, ato contínuo, apague-a, devolvendo a atenção do telespectador ao enredo da narrativa, sob pena de se descaracterizar como brecha e, em consequência, quebrar a estética do liso.

Nas últimas décadas, numerosos são os exemplos de *product placement* na história do cinema mundial, especialmente o hollywoodiano, como o do chocolate Reese's no filme *E.T. O extraterrestre* (1982), da Coca-Cola (entre outras marcas) no filme *Blade Runner* (1982), da bola de vôlei Wilson e da transportadora FedEx no filme *Náufrago* (2000), do automóvel Ford Explorer em *O terminal* (2004) e, mais recentemente, do leite fermentado da marca Yakult na produção da Netflix *Para todos os garotos que já amei* (2018). Esse último caso, inclusive, apresenta numa única cena as três modalidades de *product placement* mencionadas: visual, verbal/auditiva e *plot placement* (fig. 4).

Figura 4.4 – *Product placement da Yakult no filme Para todos os garotos que amei* (2018)

FONTE: REPRODUÇÃO

Para além de listar casos, sabendo que alguns já foram amplamente estudados, ainda que sob outra abordagem, interessa-nos observar como o velamento publicitário de fato se concretiza. Uma vez que o consumo das produções audiovisuais passou também a ser *online*, notamos a expansão do *product placement* de "enredo".

Se no início da utilização desse recurso as marcas apareciam de forma visual e/ou verbal e auditiva, a opção mais frequentemente adotada nos filmes e séries nos últimos anos é a inserção da mensagem publicitária no corpo da história, velando o máximo possível o seu intuito e revelando-o de modo mais "natural". Não mais a janela discreta (ou indiscreta), mas apenas uma fresta dela.

Vejamos um exemplo não apenas clássico de *product placement* na história do cinema norte-americano, mas também diferenciado pelo modo como se deu sua utilização no filme *De volta para o futuro* (1985). Nesse longa-metragem, a marca da rede de postos de gasolina Texaco se desenvolve ao longo de várias décadas pelas quais a narrativa atravessa, coincidente com a trajetória real da marca no mercado. O logotipo da Texaco aparece quando o tempo diegético do filme se detém nos anos 1955 (Figura 4.5), 1985 (Figura 4.6) e 2015 (Figura 4.7), conforme estudos de Helena e Pinheiro (2012).

Figura 4.5 – Logotipo da Texaco em 1955 no filme *De volta para o futuro* (1985)

FONTE: REPRODUÇÃO

Figura 4.6 – Logotipo da Texaco em 1985 no filme *De volta para o futuro* (1985)

FONTE: REPRODUÇÃO

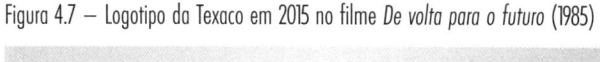

Figura 4.7 – Logotipo da Texaco em 2015 no filme *De volta para o futuro* (1985)

FONTE: REPRODUÇÃO

A janela publicitária se abre em três momentos, em cada um deles exibindo a identidade visual da Texaco na época correspondente, evidenciando que a marca há muito atua expressivamente no comércio de combustível para veículos – ela possui passado, presente e insinua, assim, um porvir.

Talvez não seja por acaso que no livro *Lágrimas na chuva*, cuja ação se passa no ano de 2109, a ficcionista espanhola Rosa Montero (2014) apresente como publicidade do futuro a mulher-anúncio da Texaco-Repsol, espécie "aprimorada" do homem-sanduíche (uma das primeiras formas da publicidade). Ela carrega no peito uma tela emissora de mensagens publicitárias dessas empresas ainda hoje poderosas em sua atividade comercial. Seria uma suspeita de que o petróleo continuaria sendo a mais importante fonte de energia um século à nossa frente ou apenas uma ironia da escritora?

Sigamos agora com um caso mais recente, dos muitos encontrados nas séries produzidas pela plataforma Netflix, e que vem fazendo do *product placement* um item compulsório de seu modelo de negócio. Selecionamos o último episódio da segunda temporada de *A casa de papel* (2018), série sobre assalto a um banco, cuja cena de fuga dos ladrões é feita em um caminhão da marca de cerveja Estrella Galicia (Figura 4.8).

Figura 4.8 – Caminhão de cerveja Estrella Galicia na série *A Casa de Papel* (2018)

Em consonância com as ideias de Han (2019) sobre a estética do liso, temos aqui uma brecha (ou um rasgo) no desfecho da história, pela qual a logomarca do produto se mostra, qualquer que seja a categoria de *product placement* escolhida entre as três propostas por Russel (1998). Em teoria, a ação publicitária (visual, verbal e auditiva ou entranhada no enredo) deveria operar de forma favorável, uma vez que objetiva promover o produto.

Nesse exemplo, contudo, acreditamos que a inserção da marca da cerveja é feita numa situação discutível, o que resultaria um *product displacement*. Ainda assim, ela não resulta numa explicitação, pois o conteúdo narrativo ocupa a quase totalidade do tempo do episódio e o logotipo da Estrella Galicia aparece – como esperado – tão somente numa fissura da diegese, que, de imediato, recompõe-se, mantendo a soberania do liso.

A esse respeito, vamos nos apoiar em Safatle (2009, p.104-105), quando define como posicionamento bipolar de marca essa nova etapa da retórica da publicidade, pela qual se dá a mercantilização não mais dos valores exclusivos dos produtos, seus diferenciais, suas particularidades técnicas, sua singularidade em suma, mas a de valores contrários:

> O que aparentemente seria um erro crasso de posicionamento revela-se uma astúcia. Por um lado, isso permite ao consumidor identificar-se com a marca, sem, necessariamente, identificar-se com um de seus polos.

Nesse sentido, a sociedade contemporânea permite às marcas, atentas não apenas para as identificações hegemônicas, mas sobretudo para as minoritárias, a enunciação da norma e igualmente a da transgressão. Os consumidores são instados tanto para as identificações fixas (no extremo, estereotipadas) como para as identificações irônicas, "nas quais, a todo momento, o sujeito afirma sua distância em relação àquilo que ele está representando ou ainda, em relação a suas próprias ações", nos lembra Safatle (ibidem, p.107).

Esse padrão retórico do consumo se plasma na estética do liso – acrescentemos –, uma que o liso dispensa os relevos, os pontos de resistência; norma e transgressão são linhas presentes que se alternam no processo da tessitura publicitária (essa, por sua vez, reconfigura-se para atender a insatisfação daqueles nem sempre identificados com o sinal positivo).

Dessa forma, não nos parece descabida a possibilidade de que a aparição de um copo de papel da rede Starbucks no último episódio da série *Game of Thrones* (2019), cuja ação se passa em outro tempo e lugar, e anunciada como uma falha cinematográfica, não seja uma ação consciente de bipolaridade da marca por meio do *product placement* (Figura 4.9). Embora os diretores do episódio David Benioff e D.B. Weiss tenham negado essa versão, mas não haveria aqui a erotização que o liso permite por meio de fendas na narrativa?[3]

O *product placement*, portanto, se apresenta como uma das formas pelas quais a publicidade, para se manter como mediadora entre produção e consumo na nova ordem comunicacional (catalisada pelos avanços tecnológicos e culturais), viu-se impulsionada a ampliar a fim de melhorar a adaptação de sua retórica ao ambiente das mídias digitais e, com isso, manter-se fiel ao liso estético.

---

3 Cf. HBO Reveals The Truth Behind Game Of Thrones On-Screen Coffee Cup Mistake, disponível em https://deadline.com/2019/05/game-of-thrones-coffee-cup-hbo-response-1202608259/, acesso em 10 jan. 2020; e Lord Varys is the owner of the infamous Starbucks cup in Game of Thrones, disponível em https://gulfnews.com/entertainment/tv/lord-varys-is-the-owner-of-the-infamous-starbucks-cup-in-game-of-thrones-1.1572505713048, acesso em 11 jan. 2020).

Figura 4.9 – Copo de café da marca Starbucks em cena de *Game of Thrones* (2019), da HBO

FONTE: REPRODUÇÃO

Nesse cenário, em que as horas gastas pelos consumidores na internet vêm aumentando, tanto quanto o consumo de conteúdos audiovisuais *online* (Hootsuite, 2019), leva-nos obrigatoriamente a rever a atual dinâmica publicitária.

O VELADO E O CONSUMIDOR SEM CARÁTER

Se antes o acesso à publicidade pelo *product placement* se dava no momento em que o espectador assistia a filmes apenas na tela de cinema ou de televisão, em horários programados, ou ainda em videocassetes, DVD e computadores, nos últimos anos o público pode fazê-lo a qualquer hora a partir de plataformas de *streaming* em um dispositivo conectado à internet. As novas formas de consumo modelam, consequentemente, outro perfil – ou caráter – de consumidor.

Para Han (2019, p.72), "o caráter significa originalmente o signo gravado, marcado no fogo, indelével. A imutabilidade é sua característica principal". Ele cita Carl Schmitt, para quem a água é um elemento sem caráter, não é possível nele nenhuma marcação sólida. O mar é sem caráter, já que a origem da palavra caráter vem do grego *diarassein*, que significa entalhar, esculpir, gravar. Nesse sentido, o professor sul-coreano de filosofia afirma:

> Solidez e consistência não são propícias para o consumo. Consumo e duração se excluem mutuamente. São as inconsistências e a fugacidade da moda que o aceleram. A cultura do consumo diminui a duração. Caráter e consumo são opostos. (ibidem, p.73)

As dezenas (para não dizer centenas) de filmes e seriados produzidos pela Netflix – que, se antes reinava solitariamente no universo da plataforma *streaming*, enfrenta agora concorrentes como a HBO Max, a Amazon Prime Video e a Apple TV, só para ficarmos nesse tipo de consumo de conteúdos audiovisuais – vão se acumulando até transbordarem na disputa pelo interesse do consumidor.

Esse consumidor, conectado, remete-nos novamente à fluidez, na concepção de Bauman (2001), com a qual iniciamos nossa reflexão. Uma novidade no campo do entretenimento se sobrepõe à outra, o lançamento de um produto cultural gera uma euforia logo substituída pela chegada de um outro, a tecnologia voltada à comunicação online de última geração hoje será de penúltima amanhã.

Daí porque, para Han (2019, p.73), "a mídia digital assemelha-se ao mar sem caráter, no qual não é possível traçar linhas ou marcas sólidas". E mais: "*O consumidor ideal é um homem sem caráter*. Essa falta de caráter torna possível um consumo indiscriminado" (idem, grifos nossos).

Como não há intervalo comercial na Netflix, o *product placement* se estabelece não só como uma ação publicitária anti-intrusiva, alinhada à estética do liso, mas também como trunfo para a plataforma se viabilizar (para as marcas anunciantes, por sua vez, trata-se de uma alternativa comunicacional estratégica, um modo de atingir o grande público de assinantes dessa plataforma).

A Netflix permite a criação de perfis de consumidores para que o algoritmo de programação lhes recomende assertivamente séries e filmes afinados com o histórico individual de consumo audiovisual. É provável que a empresa esteja tentando dar ao consumidor um traço (sólido) de caráter – certamente para manter ou ampliar a fidelidade ao seu acervo em contínua expansão. Contudo, como aponta Han (2019, p.75, grifos nossos),

> O caráter sólido não consegue se conectar bem. Não é *conectivo ou comunicativo*. Na era da conexão, globalização e comunicação, um caráter sólido é apenas obstáculo e desvantagem. A ordem digital celebra um novo ideal. Chama-se *o homem sem caráter, o liso sem caráter*.

Tomando tal afirmação como base, podemos dizer que a publicidade, nessa era do digital, é também desprovida de caráter. As marcas, ao contrário, para que existam como materialidades, precisam possuir algum caráter – o que não é paradoxal, visto que parte de sua personalidade é fixa e parte é mutável, como aponta Fontenelle (2002, p.250).

A DISTINÇÃO PELA RETENÇÃO

Em síntese: com o advento do universo digital, ou da "sociedade em rede", como propôs Castells (2009), e, por conseguinte, com o início do reinado do "liso", o sistema publicitário poderia ter sua força atenuada e perder o posto de retórica principal do consumo.

Entretanto, como na canção "Esteticar" sobre a estética do plágio, composta por Tom Zé, Vicente Barreto e Carlos Rennó, a publicidade não é "um caboclo tolo boboca / um tipo de mico cabeça-oca / raquítico típico jeca-tatu / um mero número zero um zé à esquerda / pateta patético lesma lerda / autômato pato panaca jacu". Muito pelo contrário, ela é adepta, como na própria expressão de um dos versos da composição, da "estética do arrastão" – ou seja, por meio do "liso", arrasta sua mensagem ora pelos meios tradicionais, ora pelas frestas que o *product placement* (ou mesmo o *product displacement)* cava nas narrativas audiovisuais de entretenimento. Assim, continua envolvendo o consumidor com ênfase discursiva no vetor dionisíaco, visando o *fazer crer* com as suas ações veladas.

O consumidor – incluindo todos nós – vive então à mercê de sua própria atenção, também lisa, tentando escorregar do caudal de ofertas que não o interessam – ou não são suficientemente atrativas.

Han (2019, p.107) afirma que "a beleza é vacilante, atrasada". Belo não é um brilho momentâneo, mas uma fosforescência quieta. É nessa retenção que consiste sua distinção. Assim sendo, valeria indagarmos se, por meio do *product placement*, que em suas utilizações inaugurais se comportou como brilho momentâneo no meio da trama audiovisual (o detalhe expressivo), a publicidade não vem se modificando para, em respeito à estética do liso, ser também uma fosforescência quieta. O consumidor, por seu turno, estará satisfeito com sua própria falta de caráter?

5
Lógicas da produção literária e o aprendizado do consumo[*]

Nas últimas décadas, a concepção de consumo – para muitos ainda apenas um ato de aquisição de mercadorias – se ampliou a partir das reflexões de estudiosos de distintas áreas, como antropólogos, sociólogos e teóricos culturais, além de pesquisadores de comunicação.

Na impossibilidade de examinar as muitas angulações do quadro de debates sobre o assunto, que se alarga nos espaços midiáticos, pretendemos concentrar nossa discussão em alguns aspectos da produção e do consumo da arte em geral e da literatura em específico.

Nesse contexto, mobilizando conceitos da análise de discurso de linha francesa, trataremos de questões atinentes à concepção de arte, de sua produção, de seu consumo (daquilo que é sensível) e de seus contornos em dimensão expandida por causa das novas tecnologias (desdobramento advindo de sua gênese, uma vez que toda arte é em algum grau contaminada por outra arte).

PRODUÇÃO E CONSUMO DA ARTE

Teixeira Coelho (2013) nos lembra a definição de arte proposta pelo poeta Rainer Maria Rilke: a arte é a existência transformada em algo

* Originalmente publicado na *Revista Latinoamericana de Ciencias de la Comunicación*, v.19, p.218-228, 2020.

sensível. Esse conceito revela o caráter *transmutador* da arte, a partir do trabalho daquele que a cria – ratificando a sentença do escritor Oscar Wilde, para quem a vida (o sensível) é informe, à arte cabe lhe dar uma forma (Todorov, 2011). Também, dialeticamente, a acepção de Rilke pressupõe o caráter *transmutativo* da arte, uma vez que está colada ao sensível, à existência do outro, seu fruidor.

Temos, como vasos comunicantes, a produção da arte e, consequentemente, o seu consumo, o que nos remete a estratégias discursivas do artista (sua poética) e à capacidade de recepção do público (seu repertório). A empatia (*pathos*), o sensível modelado pelo autor e reconhecido pelo consumidor de arte em seu processo de descodificação interpretativa, é o líquido – límpido ou turvo – que circula de uma instância a outra. Podemos aproximar a empatia do conceito de "contágio", proposto por Tolstói em seu clássico ensaio *O que é a arte?*:

> A arte é uma atividade humana que consiste em alguém transmitir de forma consciente aos outros, por certos sinais exteriores, os sentimentos que experimenta, de modo a outras pessoas serem contagiadas pelos mesmos sentimentos, vivendo-os também. (Tolstói, 2011, p.97)

Para o escritor russo, o grau de contágio é a única medida valorativa da arte. Ou seja, "quanto mais forte for o contágio, melhor é a arte enquanto arte", não importa o valor dos sentimentos transmitidos. Tolstói pontua também que a arte é mais ou menos contagiosa, dependendo de algumas condições, entre elas: 1) maior ou menor particularidade do sentimento que é transmitido e 2) maior ou menor clareza na transmissão desse sentimento.

Se à primeira dessas condições está associada a pura transformação da experiência existencial em algo sensível, à segunda se liga a performance do artista, sua capacidade, por meio da linguagem (o *logos* submetido ao *pathos*), de tornar "crível" para o outro essa transformação e, dessa maneira, gerar a comunhão de sentimentos (contágio).

Na raiz desse "proselitismo" inerente à linguagem, podemos apor o mecanismo de antecipação discursiva, referenciado por Orlandi (2000, p.42), pelo qual o enunciador se projeta ao lugar do enunciatário, visando convencê-lo:

> [...] todo sujeito tem a capacidade de experimentar, ou melhor, de colocar-se no lugar em que o seu interlocutor "ouve" suas palavras. Ele antecipa-se assim a seu interlocutor quanto ao sentido que suas palavras produzem. Esse mecanismo regula a argumentação, de tal forma que o sujeito dirá de um modo, ou de outro, segundo o efeito que pensa produzir em seu ouvinte.

No universo da literatura, ainda que muitos escritores digam que não pensam em um leitor ideal quando estão desenvolvendo uma obra – como podemos comprovar nas entrevistas feitas com cerca de trinta autores brasileiros contemporâneos (Castello; Caetano, 2013) –, o mecanismo de antecipação está presente, se não como estratégia para "convencer" o leitor-outro, inegavelmente para convencer o leitor-em-si-mesmo – o escritor é o primeiro que "ouve" seu texto. Ele precisa se antecipar, para confirmar se está transmitindo, voltando à Tolstói, com maior ou menor clareza o sentimento. Ele precisa se convencer antes de persuadir qualquer outro leitor, que é capaz de gerar contágio com a obra em progresso.

Perceptível ou não pelo artista, esse mecanismo está presente em seu ofício. Uma vez consciente dessa regulação, ele pode ampliar seus recursos suasórios, pode ser *um* para o público ou ser *vários*, como Fernando Pessoa o fez com seus heterônimos. O poeta português se colocou na posição de distintos interlocutores e "criou" diferentes *personas*, elaborando obras com marcas estilísticas e temáticas próprias, como se para atingir públicos igualmente variados. Esse conhecimento subentendido do mecanismo de antecipação provavelmente foi adquirido durante o exercício como profissional do comércio, que o levou a escrever textos sobre essa atividade e a editar a *Revista de Contabilidade e Comércio*. Em um desses seus escritos, Pessoa (apud Ferreira, 1986, p.46) diz:

> Um comerciante, qualquer que seja, não é mais que um servidor do público, ou de um público; e recebe uma paga, a que chama o seu "lucro",

pela prestação desse serviço. Ora toda a gente que serve deve, parece-nos, buscar agradar a quem serve.

Para isso, acrescenta o poeta português, é fundamental conhecer a quem se serve, sem preconceitos:

> [...] partindo, não do princípio de que os outros pensam como nós, ou devem pensar como nós – porque em geral não pensam como nós –, mas do princípio de que, se queremos servir os outros (para lucrar com isso ou não), nós é que devemos pensar como eles: o que temos que ver é como é que eles efetivamente pensam, e não como é que nos seria agradável ou conveniente que eles pensassem. (ibidem, p.46)

Com tais afirmações, Pessoa nos apresenta dois requisitos relevantes à produção e ao consumo de bens (culturais): 1) a pesquisa de mercado, que busca, entre outros aspectos, sondar o gosto do público – devolver a esse público aquilo que é pouco sensível à experiência humana é certamente o que mantém o padrão hegemônico da indústria da cultura com os seus *best-sellers* (literatura), *hits* (música), *blockbusters* (cinema) etc.; 2) a noção de *target* (público-alvo no jargão publicitário), que exige a calibragem discursiva por meio do mecanismo de antecipação. Não por acaso, Pessoa atuou no então insurgente mercado publicitário de Portugal, elaborando diversos materiais de publicidade, como o célebre *slogan* para Coca-Cola: "Primeiro estranhas, depois entranhas" (apud Lucinda, 2014). Também se dedicou à tradução de cartas e catálogos comerciais e à tradução literária, transcriando para o português obras de Shakespeare e Poe, entre outros escritores de língua inglesa.

Teorizando a arte de traduzir, Pessoa escreveu que a tradução de um poema deveria se conformar à ideia ou à emoção que o constitui (Lind; Coelho, 1973, p.75), em concordância com a definição de contágio de Tolstói – a comunhão entre o sentimento do autor e daquele que decodifica sua obra. Pessoa demonstrou, assim, conhecer o mecanismo de antecipação. Essa ótica se concilia com a do escritor Rubens Figueiredo, tradutor no Brasil de Tolstói, Philip Roth e Vidiadhar Naipaul, entre outros ficcionistas, para quem a literatura é uma forma de tradução.

O autor traduz, o leitor traduz, o livro traduz. Não metaforicamente, mas de fato, na prática: são traduções de um idioma para outro, de uma linguagem para outra. E as traduções podem ser refeitas sucessivas vezes, sempre com resultados diferentes, sem que nenhuma delas seja definitiva. (Figueiredo, 2013, p.92)

Pois bem: o primeiro requisito, o conhecimento prévio do mercado, incluindo, as demandas do público, remete-nos à teoria do gosto de Bourdieu (2007). O consumo, como sistema simbólico, nos distingue e/ou nos desvaloriza perante os campos e os indivíduos. Aquilo que eu consumo me desvela, ao mesmo tempo que me oculta. A sociedade contemporânea é regida pelo capitalismo de consumo (o que o indivíduo deseja consumir) e não mais pelo capitalismo de produção (o que a indústria deseja oferecer a ele).

O segundo item, o conhecimento do público – hábitos, idade, faixa etária, escolaridade, condição econômica etc. –, é igualmente vital para que o discurso sofra uma regulagem, objetivando a empatia. Se conheço bem aquele para quem dirijo meu texto (romance, filme, pintura, música, anúncio etc.), se me coloco no seu lugar para consumir o que ele me oferta, tenho mais chance de comungar minha experiência com ele. No poema *A flor e a náusea*, Carlos Drummond de Andrade (1977, p.78) afirma: "Preso à minha classe e a algumas roupas, / vou de branco pela rua cinzenta. / Melancolias, mercadorias espreitam-me". As mercadorias, à espreita do consumidor, precisam saber quem é ele, a qual classe pertence. A publicidade – mercadoria que discursa sobre si e sobre as demais mercadorias – nunca descuida de obter o máximo de informações sobre o *target,* para modular sua retórica e intentar convencer o público não apenas para consumir o produto, mas também para consumir a si própria.

Como metamercadoria (Carrascoza, 2015), a publicidade tem sido pensada como *a* retórica do consumo, por conformar o discurso dos atributos positivos dos produtos e das corporações, visando ao fomento do consumo. Mas ela é apenas *uma* retórica do consumo. Sua razão de ser, explícita, como dínamo discursivo da "necessidade" de o indivíduo consumir esse ou aquele bem, enevoa sua condição de texto social, que reflete e refrata valores, significando e ressignificando formações ideológicas, à semelhança de outros textos sociais, como o discurso jornalístico, o sistema da moda e até a própria arte.

Rocha (1995) atribui à publicidade o papel de operador totêmico, elemento mágico transformador (como o totem nas sociedades primitivas) que dá nova significação às mercadorias, uma aura, ocultando a etapa de produção (na qual o indivíduo se desumaniza) e realçando a fase prazerosa do consumo (na qual o produto se diviniza). Pela retórica publicitária, que sempre deixou às claras seu mecanismo de antecipação discursivo – e, por isso, é criticada ao assumir seu intuito de convencer/persuadir, quando sabemos que esse é o intuito de qualquer texto –, o *mero* produto se transforma em um bem *maior*. Como se, retornando à ideia de Rilke, a existência do produto se transmutasse em algo sensível, tanto quanto a existência para o indivíduo.

Não importa se promove uma mercadoria de consumo de massa, uma causa social ou o programa de metas de um político, a publicidade opera por meio dessa alquimia discursiva, transformando o reino das condições materiais reais no reino das realizações simbólicas.

O seguinte pensamento de Pascal, citado por Alfredo Bosi (2013), reafirma a premência de discutir a produção e o consumo da arte pelos aspectos que ressaltamos acima – o contágio, o público-alvo e a modulação do discurso com o intuito de seduzi-lo: "Nossos sentidos não percebem nada de extremo. Barulho demais nos ensurdece, demasiada luz nos ofusca; demasiada distância e demasiada proximidade impedem a vista" (Bosi, 2013, p.73). Essencial, portanto, é o repertório e as práticas de consumo do público. O autor estaria num extremo (o da produção), mirando um interlocutor ideal (que é ele próprio), o que influencia até mesmo sua *poética* – mas se esse interlocutor existisse, de fato, demasiada seria a luz que o impediria da interpretação "contagiosa" da obra. Em outro extremo estaria o interlocutor sem o repertório mínimo para comungar com a obra do artista; essa distância demasiada o impediria de ver seu valor.

Nesse sentido, paradoxalmente, não teriam conseguido os *best-sellers* (obras de sucesso durante um tempo), tanto quanto os *clássicos* (obras de sucesso durante todo o tempo), atingir a distância ideal, o ponto exato no qual se dá a comunhão entre o sentimento do artista e o de seu público?

A ARTE CONSUMIDA — E CONTAMINADA

Outro ponto vital para investigar o consumo de arte é a sua natureza de substância resultante de outras substâncias. O artista, para fazer a transmutação da existência em um produto para o mundo do sensível, vale-se de experiências próprias, memórias, engenho – em suma, de tudo que está à sua mão. Essa "visceralidade" com o espaço (ou a falta dele), o tempo vivido e o presente, a matéria da qual são feitos os sonhos e a realidade do artista dão a ele e à sua obra os traços singulares que não se encontram em outra parte.

É com os elementos disponíveis, as peças que estão próximas (tão próximas que, não raro, estão coladas à sua pele), que o artista dá forma à obra, forma que, como dissemos com Wilde, a vida não tem. A vida não a tem e o sensível a solicita – ao menos para quem produz e consome arte. Da mesma forma, a arte (resultado do esforço do artista, mas não apenas dele, pois ela passa pela indústria da cultura, em que outros agentes também contribuem para lhe dar forma) também se nutre de elementos de outras artes, cercanas ou distantes. Lévi-Strauss (1976), em *O pensamento selvagem*, aponta ser a *bricolage* – montagem de um sistema simbólico a partir de peças, como num jogo, já existentes e à disposição em uma cultura – a operação criativa própria do pensamento humano.

Na composição das obras, os artistas incluíram (e continuam incluindo ao longo do tempo) elementos de outros fazeres artísticos, razão pela qual toda e qualquer arte é, em menor ou maior grau, contaminada por outra arte. Contaminação, e não apenas influência de uma sobre a outra. Silviano Santiago (2013), no ensaio "Eça, autor de Madame Bovary", opondo-se ao conceito de influência, cita Paul Valéry, para quem "nada mais original, nada mais intrínseco a si que se alimentar dos outros. É preciso, porém, digeri-los. O leão é feito de carneiro assimilado" (apud Santiago, 2013, p.490).

O teatro assimilou elementos da poesia lírica e épica, da dança, do canto coral (os ditirambos) em seus primórdios. A tragédia grega, de acordo com Nietzsche (2001), nasce da tensão entre a arte apolínea (associada à arte plástica e à poesia) e o universo expressional dionisíaco (a música, arte não figurada). O cinema incorpora materiais e técnicas constitutivos da literatura, do teatro e da música. E vice-versa. Todas as artes nascem contaminadas por outras, e o processo é permanente, em moto-contínuo, águas velhas se misturando a águas novas. Essa origem "impura" não se restringe à arte, mas a outras manifestações culturais, como o jornalismo e a publicidade.

Em *Literatura y periodismo*, Albert Chillón afirma que, no início do jornalismo, contos, crônicas e reportagens, uma vez publicados em jornais e revistas, passaram a se contaminar mutuamente. Outras relações estreitas iriam se dar entre o gênero epistolar, a crônica e a reportagem literária moderna. Em seu longo estudo, Chillón (1999, p.133) aponta também a contaminação do documentário cinematográfico e do teatro documental no jornalismo:

> Não é mais apenas uma voz fixa que conta os fatos, muitas vezes, por meio de sumários narrativos, mas uma espécie de câmera móvel que os *mostra*, enquadrando cenas dentro das quais os personagens atuam e falam como se num filme. (tradução e grifo nossos)[1]

A publicidade, em senda paralela, tem seu nascedouro na Paris da Belle Époque com os *affiches* – litogravuras feitas por Chéret, Mucha e Toulouse-Lautrec, entre outros pintores –, e logo incorpora a poesia rimada e a narrativa literária em seu arsenal retórico. Nos Estados Unidos, nos anos 1920 e 1930, a imprensa e, na sequência, a publicidade se valeram ostensivamente da "narrativa científica" na configuração de seu cânone discursivo e passaram a enfatizar os atributos técnicos dos produtos nos discursos que produziam.

No Brasil, a publicidade vale-se do avanço das técnicas artísticas impressas para atender às novas práticas de consumo do início do século XX e "convoca" para suas primeiras campanhas escritores e poetas reconhecidos, como Monteiro Lobato e Olavo Bilac, para elaborarem o texto

---

1 *"Ya no es solamente una voz fija la que relata los hechos, a menudo mediante sumarios narrativos, sino una especie de cámara móvil la que los muestra, encuadrando escenas dentro de las que los personajes actúan y hablan como si de una película se tratase".*

de anúncios, e ilustradores e artistas plásticos, como Kalixto e Fúlvio Pennacchi, para cuidarem da instância visual (Carrascoza, 2007).

Em *Culturas híbridas*, o antropólogo Néstor García Canclini (1997) abre nova linhagem no campo dos estudos culturais com o conceito de hibridação, propondo que manifestações artísticas modernas e pós--modernas são resultantes dessa cisão de elementos culturais distintos. O autor aponta também a importância da visada transdisciplinar para gêneros impuros, como o grafite e os quadrinhos.

Outro antropólogo, Massimo Canevacci (1996), em *Sincretismos*, investiga as contaminações na música, no cinema, na publicidade, e demonstra como certa expressão artístico-cultural não nega outra, mas a incorpora e a assimila.

Isso sem mencionarmos a transposição de obras de um domínio artístico para o outro (de um poema para uma pintura, de um *haikai* para um vídeo), que, embora possam manter sua ideia nuclear e sua estrutura, resultam em outras obras, frutos dessa "tradução intersemiótica" (termo cunhado pelo artista plástico Julio Plaza, que a teorizou e a cultivou em seus experimentos intermídias).

Walter Benjamin (1994), em *A obra de arte na era de sua reprodutibilidade técnica*, sentencia a perda da aura da pintura a partir do instante em que ela pode ser reproduzida, deixa de ser seu único e sagrado exemplar, e afirma a eclosão de um *novo sensorium*, advindo das transformações tecnológicas do *fin de siècle*. Nos últimos cinquenta anos, o incremento contínuo das contaminações de uma arte pela outra fez eclodir novas formas de capturar, represar e emoldurar o sensível. As artes se expandem – os livros se tornam holografias, a pintura rompe a moldura, o teatro transfere seu palco para as ruas, a poesia se mimetiza em artefatos multimídias. Essa expansão esgarça a concepção moderna da arte, colocando num desafio para o artista no âmbito da produção e para o público na esfera do consumo. Um público que, se não se familiarizou ainda com as novas linguagens de captura do sensível, estranha e rejeita, de forma hegemônica, tudo o que provém desse alargamento de divisas.

A ARTE EXPANDIDA: APREENDER PARA CONSUMIR?

Por causa do acelerado desenvolvimento das tecnologias digitais, as plataformas e os suportes novos explorados pela arte contemporânea fazem com que ela lance, numa paráfrase do *Canto de mim mesmo* de Walt Whitman (2005), o "seu grito pelos telhados do mundo", à procura de quem a ouça, de público com aparelhagem sensitiva dilatada, capaz de fruí-la de forma como antes não ocorria. Essa percepção exige um tempo de metabolização pela sociedade, incluindo obviamente os criadores de outros campos artísticos.

Teixeira Coelho (2013, p.348-9), questionado se um escritor deve possuir "considerável" sensibilidade estética, responde:

> Vargas Llosa é um grande escritor, como se diz, um desses escritores profissionais em todo caso, mas não tem nenhuma sensibilidade estética... Nenhuma sensibilidade estética para a arte contemporânea, em todo caso. [...] E não ter sensibilidade estética para as artes visuais não impede que tenha sensibilidade estética para a música ou o teatro ou a política.

A sensibilidade estética de um artista para outra forma de arte que ele não pratica (a transmutação de sua existência em algo sensível se dá por meio de outro código) revela a dificuldade de se obter o contágio, até mesmo do público, por ofício mais afeito a codificações e decodificações. O embate entre o domínio da forma em uma arte e do conteúdo em outra pode ser a raiz da questão. Teixeira Coelho (ibidem, p.349) continua:

> [...] a literatura dificilmente se libera da ideia de que o valor – digamos, o sentido, primeiro, e logo em seguida a mensagem, que deve ser ética – vem primeiro. A forma antecede o valor, é isso que Vargas Llosa não reconhece ao ver o tubarão de Damien Hirst num tanque de formol. Claro que nessa obra de Hirst o valor é evidente e é dado pela forma. Mas o escritor não o percebe sempre.

De toda maneira, quaisquer que sejam o autor e o interlocutor, o consumo da obra, sua fruição prazerosa (que pede a repetição), se dá pela qualidade da mediação repertorial. Ao refletir sobre a poesia de Ana Cristina Cesar (2013), Viviana Bosi comenta a sensação entre o reconhecimento e o espanto do leitor diante da ambiguidade daquela escrita: "um dos efeitos da radicalidade de Ana Cristina Cesar consiste na impossibilidade de se apossar de seus versos. Não há, o mais das vezes, unidade coerente que proporcione estabilidade" (apud ibidem, p.425). Podemos estender essa ideia de impossibilidade de captação do sensível para o público consumidor das experimentações da arte contemporânea. Experimentações que têm sido a força motriz, função "tradicional", das vanguardas.

Inumeráveis são os exemplos, nas mais diferentes artes, dessas experimentações que, antes de se tornarem "estáveis" à sensibilidade estética da sociedade, causaram (e continuam causando) espanto, sobretudo quando seu valor, como no comentário de Teixeira Coelho sobre Vargas Llosa, não é perceptível em virtude da precedência e do poder da forma. Assim foi com os *ready-mades* de Duchamp, os poemóbiles e holopoesias de Julio Plaza, os parangolés de Oiticica, o movimento da poesia concreta, o *Finnegans Wake* de Joyce, as provocativas instalações multimídias, as *performances*, os *happenings*, a *action painting*, enfim, tudo o que certo *sensorium*, ainda coletivamente incipiente, teve (ainda tem) dificuldade de apreender.

A ideia de que um indivíduo possa ter mais sensibilidade estética para uma arte do que para outra está, de certa forma, contida nesses versos de Pessoa: "Não sei quantas almas tenho. / Cada momento mudei. / Continuamente me estranho. / Nunca me vi nem acabei" (apud Sabino; Sereno, 1993, p.48). As muitas almas de cada um de nós não têm tamanho igual, por isso não nos comovemos igualmente com os mesmos "cantares".

Em outro ensaio, Silviano Santiago (2013) cita o desfecho de um poema de Carlos Drummond de Andrade, "Se meu verso não deu certo, foi seu ouvido que entortou", afirmando que "às vezes o leitor não é feito para certos poemas, assim como muitas vezes não fomos feitos para quem, no entanto, queremos amar" (Santiago, 2013, p.454). Os questionamentos de Santiago em relação aos leitores de poesia se conciliam com esse quadro de "negociação" entre o universo do sensível emoldurado pelo artista e a capacidade do público (consumidor) de atualizá-lo com a sua interpretação e, assim, se contagiar:

> Que seria do poema se todos (a fraternidade dos leitores) endossássemos uma única leitura para sempre? Haverá forma mais profunda e radical de pensamento fascista? É este o problema capital que todo poema coloca emblematicamente: como compor com o singular e anônimo do coletivo, sem se recorrer à uniformização, sem se valer da indiferenciação? (ibidem, p.458)

O crítico literário chama a atenção para os riscos da estandardização criativa (com vista à uma recepção "única"), citando outros versos de Drummond: "um jeito só de viver, / mas nesse jeito a variedade, / a multiplicidade toda / que há dentro de cada um".

A indústria da cultura, no entanto, busca essa "fraternidade" de consumidores com obras, em geral, esvaziadas daquilo que lhe dá singularidade. A compreensão da arte expandida pelo público (e sua comunhão com ela) não é imediata, justamente porque sua calibragem ao novo *sensorium* é vagarosa e demanda tempo de assimilação (isso vale também para os criadores de outras expressões artísticas).

Embora a sociedade contemporânea viva na era de aceleração do tempo, com rápida obsolescência dos produtos, ainda há um apego ao valor de permanência da obra de arte. Não por acaso, a arte urbana, as instalações, os *happenings* de brevíssima duração, a guerrilha publicitária e outras ações efêmeras tenham em sua raiz a "estética da impermanência", como a definiu Harold Rosenberg (2004) ao analisar obras como a de Jackson Pollock, com cuja estética nem todo consumidor tem a sensibilidade sintonizada.

Carrascoza e Santarelli (2011) abordam as ações de guerrilha publicitária, cada dia mais comuns, a partir de sua transitoriedade, de sua impermanência e daquilo que Haroldo de Campos (1977), ao analisar a obra de Kurt Schwitters, chamou de arte do precário – uso de detritos, lascas, ferros velhos e demais objetos alijados da vida moderna e que revelam em si mesmos sua precariedade. Campos (1977, p.15) argumentava que "a arte contemporânea, produzida no quadro de uma civilização eminentemente técnica em constante e vertiginosa transformação, parece ter incorporado o relativo e o transitório como dimensão mesma de seu ser".

O escritor e artista visual Nuno Ramos (2013. p.49) assim se expressa ao pensar sobre a lógica produtiva e de escoamento de distintas obras de arte e o processo de recepção delas:

> O tempo de validade de um livro, a partir de sua publicação, é muito maior do que o de uma obra plástica. Às vezes, quatro ou cinco anos depois de sua publicação é que um livro começa a entrar na circulação cultural de determinado lugar. Um trabalho plástico muitas vezes mal consegue ultrapassar o dia da *vernissage*. Em compensação, tende a ter um espaço midiático mais aberto e bombástico.

No centro dessa ideia está o fato de que as artes não evoluem igualmente no tempo social, ou seja, a sensibilidade estética para captá-las não é parelha à produção delas, não estão no mesmo diapasão. Ramos (2013, p.49) ressalta que a literatura está "no centro do espaço cultural público", é aquela que desempenha primeiro o papel de consciência social e lembra que "a poesia de Whitman precede a arquitetura de Wright em quarenta anos e a pintura de Pollock em quase oitenta".

Se a arte permite o encontro do artista com o sensível e sua transformação para que o público também o atualize, como apreciá-la agora que as "experiências sensoriais" da sociedade se ampliam com a arte expandida, com a arte participativa circulante no espaço cibercultural, com a arte feita e disseminada pelos meios digitais?

Nesses tempos, faz-se uma arte pasteurizada para ser mais consumida, ou ainda, se produz uma arte independentemente da equalização entre a sensibilidade do artista e a do público, o que limita seu consumo?

O estabelecimento do contágio por meio do mecanismo de antecipação discursiva tem zonas ainda obscuras. A ilustradora e romancista Elvira Vigna (2014, p.5) apresentou um ponto de vista instigante sobre o trabalho de promoção do consumo de um publicitário e o de um escritor:

> [...] a intenção de um publicitário é atender a demanda, solucionar o problema do cliente, atender seus anseios. E o escritor desestabiliza seu

cliente, que é o leitor; procura fazer com que ele não tenha seus anseios atendidos – pelo contrário, faz com que tenha as suas certezas abaladas. É isso que qualquer arte digna do nome faz: destrói certezas, abre outras possibilidades.

Em suma, tudo aquilo que consumimos, bens materiais e simbólicos, comunga mesmo com a nossa sensibilidade estética?

Esses versos de Ana Cristina Cesar (2013, p.198) se mostram precisos para o fechamento de nossa reflexão: "as palavras escorrem como líquidos / lubrificando passagens ressentidas". Há que se buscar quais palavras podem não só lubrificar, mas também arder menos, os dutos doloridos de cada um de nós – artistas produtores e consumidores artistas.

6
O reverso da moeda[*]
Quando a arte se apropria do universo da publicidade

ARTE E PUBLICIDADE: MATRIZES MÚTUAS

As obras sobre a publicidade como uma das retóricas do consumo e a evolução de sua linguagem ganharam, ao longo das últimas décadas, a contribuição de teóricos notáveis de várias áreas do conhecimento, como a linguística, a semiologia, a sociologia e a antropologia, entre outras disciplinas. Clássicos são os estudos de Roland Barthes (2001) sobre a publicidade como mito e seus vetores denotativos e conotativos aplicados à análise dos anúncios impressos (Barthes, 1990), as abordagens de Umberto Eco (1997) sobre os cinco níveis da imagem publicitária e as lógicas do discurso publicitário analisadas por Jean Baudrillard (2002), para citarmos algumas investigações relevantes sobre essa comunicação promotora de produtos, serviços e marcas comerciais.

É consenso entre os pesquisadores e autores de obras centradas na história e no desenvolvimento da publicidade a apropriação, na formação de sua linguagem, de procedimentos artísticos em geral. Nos anúncios impressos, fruto de seus primeiros investimentos como produtora de informações para aproximar o público das mercadorias, a publicidade

---

* Originalmente publicado no livro *Século XXI: a publicidade sem fronteiras – Vol. 6*, organização de Alexandre Tadeu dos Santos, Janaina Vieira de Paula Jordão e Marina Roriz Rizzo Lousa da Cunha, Goiânia, Cegraf UFG, 2021, p.178-200.

incorporou recursos criativos da literatura (na instância verbal) e das artes plásticas (na instância visual). Com o advento do rádio, valeu-se por sua vez da expressão musical para a composição de *jingles* e, na esfera do audiovisual, os filmes publicitários são regidos estrutural e poeticamente como "filmes de arte", mas produzidos em consonância com parâmetros do cinema comercial.

Schudson (1986) aborda a estética da publicidade e Cannevacci (1996) examina a maneira como a publicidade se nutriu das artes para a conformação de seu cânone. No processo de hibridização cultural (Cannevacci, 1997) que vigora há algumas décadas, as contaminações das poéticas e estéticas, dos modos de ser e fazer, das escolhas temáticas e estilísticas são intensas e contínuas, de forma que a arte é ingrediente *sine qua non*, elemento compulsório do corpo textual da atividade publicitária.

Por outro lado, a publicidade não é material imprescindível para a criação artística, mas, vez por outra, a arte lança mão dela, trazendo-a para o âmbito de seu discurso, em diálogo com seus enunciados – alinhando-se (paráfrase) ou entrando em divergência (paródia) com eles. Rara, ao contrário da vertente que rege a publicidade nutrida pela arte, essa possibilidade, contudo, é produtiva para observarmos até mesmo o alcance do discurso da publicidade e o caráter de sua inspiração.

Uma vez que as tramas discursivas na esfera midiática se enlaçam, se interpenetram e, por vezes, se rechaçam, nossa proposta é investigar alguns casos nos quais, nessa via oposta, ou melhor, nessa linha complementar, a publicidade serviu como matéria-prima de expressões artísticas, como essa exploração se deu em termos de apropriação temática ou estilística e se o resultado dessa transposição revela a posição ideológica do artista frente à atividade publicitária.

Para isso, vamos nos apoiar em elementos da análise de discurso de linha francesa, visando examinar a interdiscursividade, a intertextualidade e o gênero de discurso materializado no texto (linguístico e visual) resultante desse diálogo do artista com a linguagem publicitária: discurso autoritário (polissemia contida), polêmico (polissemia controlada) e lúdico (polissemia aberta).

Nesse sentido, vale lembrar o alerta de Orlandi (2005, p.87) em relação a essas categorizações, que não carregam juízo de valor, são antes descrições do funcionamento discursivo em relação ao contexto histórico-social e suas implicações ideológicas:

> Uma sociedade como a nossa, pela sua constituição, pela sua organização e funcionamento, pensando-se o conjunto de suas práticas em sua materialidade, tende a produzir a dominância do discurso autoritário, sendo o lúdico o que vaza, por assim dizer, nos intervalos, derivas, margens das práticas sociais e institucionais. O discurso polêmico é possível e configura-se como uma prática de resistência e afrontamento.

Cumpre igualmente esclarecer que concebemos a publicidade não apenas como produção e veiculação de materiais de divulgação de produtos e serviços de marcas comerciais, mas como sistema publicitário – Torres i Prat (2005) prefere "complexo comercial publicitário".

Em outras palavras, esse sistema é um conjunto de práticas comunicacionais que inclui a promoção dos bens, como o nome, o logotipo, os dêiticos, a embalagem, as ações de guerrilha, as intervenções ao vivo, as instalações, os eventos experienciais e os espetáculos patrocinados; enfim, todo o caleidoscópio de atividades e materiais que, nos últimos vinte anos, tem se ampliado com a utilização publicitariamente das redes sociais como novo lócus para disseminação informacional e exercício de persuasão do público consumidor.

Avancemos, portanto, seguindo diretamente para o nosso *corpus*, de forma a compor um estudo que se configura pela apresentação do exemplo e de seu artista produtor, entrelaçando simultaneamente os elementos teóricos e analíticos mencionados, núcleo de nossa exposição – uma vez que é consenso entre os pesquisadores a confluência dessas duas linhas de força criativa, arte e publicidade, sobretudo a primeira como matriz da segunda.

FRUTOS EXEMPLARES

Embora os casos que aqui vamos analisar sejam de artistas autônomos de diferentes nacionalidades, cujas obras elaboradas a partir da publicidade não pertencem a movimentos artísticos centrados em boicotes ou posicionamento geracionais contra a comunicação publicitária de corporações capitalistas, esses casos compóem de certo modo um agrupamento de possibilidades tanto críticas quanto caudatárias dela no substrato de suas obras. Selecionamos criadores da área da cultura visual e da literatura, contemplando assim uma expressão artística do campo das imagens e outra da esfera da escrita.

Do primeiro domínio, trazemos a estadunidense Ellen Gallagher e o chinês Wang Qingsong, representantes estrangeiros, cidadãos de regimes econômico e, por consequência, sociocultural distintos; e, no plano nacional, o artista plástico Nelson Leirner. Do domínio literário, temos a escritora estadunidense Lydia Davis e de dois brasileiros, os poetas Oswald de Andrade e Carlos Drummond de Andrade.

Iniciemos por Ellen Gallagher, artista plural, cuja produção por vezes trata de temas relacionados à raça (negra) e suas estereotipias veiculadas na mídia. Interessa-nos em sua obra a série *DeLuxe*, uma coleção de colagens que têm como fundo ou suporte materiais da imprensa estadunidense e, para nossa análise específica, anúncios dos anos 1950 de produtos cosméticos, em especial aqueles para cabelos.

Em uma dessas criações, a artista se vale de um anúncio célebre da época do pós-guerra, que trazia um cupom (com o objetivo de mensurar o interesse do público feminino e facilitar a aquisição do produto) e o título "*Do you want lovelier, longer hair?*" (Você quer cabelos mais bonitos e compridos?). A ação da artista consistiu em fazer uma interferência simples, mas transformadora, na imagem dessa peça publicitária – os cabelos de uma mulher –, ao colar sobre eles uma massa pontilhada de brilho.[1] Em outra obra da série, Gallagher sobrepõe máscaras e pequenos círculos no rosto ou no corpo de figuras femininas que aparecem como protagonistas de anúncios em preto e branco.[2] Outra colagem usa como suporte o anúncio impresso em revistas estadunidenses de um produto para cabelos promovido pelo ator e comediante Peg Leg Bates. Por meio de citações do conhecido ator, o anúncio indica ao público, em uma

---

1 Ver https://media.tate.org.uk/art/images/work/T/T12/T12301_291771_10.jpg
2 Ver https://media.tate.org.uk/art/images/work/T/T12/T12301_291862_10.jpg

espécie de testemunho (retoricamente um argumento de autoridade), as principais qualidades do produto. No entanto, duas mulheres aparecem como imagem principal da publicidade e é sobre o rosto delas que a artista realiza sua intervenção artística.[3]

Essa estratégia criativa de Ellen nos remete à do artista francês Marcel Duchamp, introdutor da arte conceitual e criador do *ready-made*, um objeto "já pronto" que, para ganhar novo sentido, exige um aditivo, uma subtração, um deslocamento ou uma mudança (mesmo que mínima) para produzir uma paráfrase (concordância com o texto de origem) ou uma paródia (discordância com o texto de partida). Carrascoza (2008) esclarece que esse procedimento (oriundo do processo criativo das artes) se tornou habitual nas agências de propaganda: graças à facilidade de manipulação de imagens digitais e ao acesso no espaço virtual a conteúdos culturais que servem de ponto de partida para o diálogo das textualidades, os profissionais de criação podem apresentar com rapidez soluções para a comunicação publicitária de seus clientes. Rocha (1995) e Carrascoza (2008) apontam a bricolagem como um dos recursos utilizados por publicitários para criarem suas peças, "método" importado efetivamente da esfera das artes. O discurso nessas três amostras da série *DeLuxe* de Ellen Gallagher, produção criada sobre a superfície de anúncios impressos antigos, é fundamentalmente lúdico.

Seguimos agora com o pintor e fotógrafo chinês Wang Qingsong, cujos trabalhos se notabilizaram por expressarem conflitos de natureza social e enfatizam as dicotomias (e convergências) do Ocidente e do Oriente. De uma de suas maiores exposições, *When Worlds Collide*, realizada no International Center of Photography, de Nova York, escolhemos três obras (ou *mise-en-scènes* fotográficas) representativas de sua forma de se apropriar de símbolos regentes da comunicação corporativa, com maior ou menor aproximação da publicidade propriamente dita.

Iniciamos com a foto de um homem na posição parafrásica da deusa da fertilidade hindu (Parvati), com seus vários braços. Nessa imagem, o artista, um homem asiático, segura objetos mercadológicos globalmente reconhecidos, como um maço de cigarros Marlboro, um rolo de filme

---

3 Ver https://media.tate.org.uk/art/images/work/T/T12/T12301_291775_10.jpg

fotográfico Kodak, um controle remoto de TV, cédulas de dinheiro etc. (Figura 6.1).

Figura 6.1 – *Requesting Buddha Series No. 1* (1999), de Wang Qingsong

FONTE: REPRODUÇÃO

Esse recurso de interdiscursividade realça elementos comunicacionais de marcas ou pertencentes à mídia como se fossem prioritários na vida cotidiana chinesa, uma vez que foram escolhidos (pelo artista) para representar o que a milenar entidade religiosa oferece aos devotos. Com essa obra, Qingsong comunica que as marcas dominantes do capitalismo estão materializadas nas mãos de Parvati e que, portanto, se tornaram igualmente sagradas para os cultores da divindade hindu. O gênero do discurso reconhecível pela textualidade imagética é predominantemente polêmico, por causa da clara disputa entre valores ocidentais (consubstanciados nos objetos) e uma das figuras divinais do hinduísmo.

O artista chinês também parodia uma pintura central da cultura europeia, *Déjeuner sur l'herbe* (Almoço sobre a relva), de Édouard Manet. Essa obra foi apresentada em 1863 no Salon des Refusés, fundado para exibir obras rejeitadas pelo Salão Oficial de Belas Artes de Paris, e causou polêmica não apenas pela presença de um personagem nu, mas também pela forma como pessoas foram representadas e pela técnica adotada (Figura 6.2).

Figura 6.2 — *Déjeuner sur l'herbe* (1863), de Édouard Manet

FONTE: REPRODUÇÃO

Qingsong reproduz a paisagem bucólica do quadro de Manet na obra *Romantique*, mas com tipos humanos e indumentárias da vida oriental, além de objetos próprios de um piquenique (Figura 6.3). Esses objetos ocupam o primeiro plano e evidenciam sua fabricação industrial, substituindo frutas e pães da cena original, alimentos que indicavam um mundo economicamente agrícola. O artista não apenas propõe um diálogo com a pintura de partida, mas faz também acréscimos relevantes ao seu contexto, como a presença de duas crianças (a nova geração) no lugar da mulher ao fundo do quadro do pintor francês. Nesse sentido, o gênero discursivo, por conta da paródia e da polissemia, pende para o lúdico.

Figura 6.3 – *Romantique* (2003), de Wang Qingsong, com cena parodiando a obra de Manet (detalhe)

FONTE: REPRODUÇÃO

O diálogo intertextual, já dissemos, embora tenha origem na esfera das artes, também se dissemina como estratégia criativa no campo publicitário (Carrascoza, 2008), no qual obras incontornáveis são tomadas como ponto de partida. É o caso do curta publicitário para a grife Dior, intitulado *Secret Garden 2 – Versailles*, inspirado na mesma obra de Manet (Figura 6.4).

Outra obra de Wang Qingsong coloca em relevo os logotipos da rede McDonald´s e da Coca-Cola, marcas preeminentes do segmento

Figura 6.4 – Cena do vídeo *Secret Garden 2 – Versailles* (2013), produzido para a marca Dior

FONTE: REPRODUÇÃO

de alimentação, respectivamente da área de *fast food* e de refrigerantes (Figura 6.5). Além das proporções diferentes das pessoas em cena, chama a atenção a inserção das duas marcas em grandes abanos na forma de corações (*lovemarks*) invertidos. Utilizados para refrescar, esses abanadores garantem a satisfação ou o conforto do consumidor. O gênero do discurso, com forte carga polissêmica, também é lúdico.

Passemos, agora, ao artista plástico brasileiro Nelson Leirner, considerado um iconoclasta. O conjunto das obras desse artista é extenso e multíplice. Destacamos também três exemplos, entre os muitos possíveis, da conduta recorrente de o artista incorporar em suas criações materiais da comunicação midiática de massa e/ou do sistema publicitário.

Uma de suas mais expressivas provocações combina o mais célebre quadro de Leonardo da Vinci, *La Gioconda* com elementos de moda e decoração, como óculos, puxadores de cortinas, frutas, grinalda de flores etc. (Figura 6.6). Duchamp também fizera intervenções nessa mesma pintura – uma das obras mais parafraseadas e parodiadas por artistas e publicitários – em um de seus primeiros *ready-mades*. As cem

Figura 6.5 – *Can I cooperate with you* (2000), de Wang Qingsong

intervenções de Leirner na imagem da Mona Lisa se assemelham às colagens de Ellen Galangher, mais como práxis de uma técnica do que aproximação poético-estética. Esses objetos da cultura popular – tão explorados pela publicidade a partir da simplificação de narrativa para reduzir riscos de incompreensão de sua mensagem – determinam o diapasão paródico da obra de Leirner e apontam o caráter predominantemente lúdico do discurso do artista.

Figura 6.6 – Duas obras da série *Quadro a quadro: cem monas* (2012), de Nelson Leirner

Na mesma linha de trabalho, partindo de uma referência canônica da pintura, *A última ceia,* também de Leonardo da Vinci, Leirner dispõe na mesa partilhada por Cristo e seus discípulos uma sequência de pão com hambúrguer, que remete às cadeias de *fast food*, como Mc Donald´s, como prato principal da ceia (Figura 6.7).

É interessante notar como, a partir da dessacralização ou da investida contra crenças consagradas, atitude recorrente em diversos artistas, a obra de Leirner dialoga com proposta de Wang Qingsong em *Requesting Buddha Series No. 1* em relação à deusa Parvati.

Figura 6.7 – *Última ceia* (2013), de Nelson Leirner

FONTE: REPRODUÇÃO

Em 2007, a filial brasileira da vodca Absolut convidou artistas brasileiros para ilustrarem uma tiragem limitada do rótulo da garrafa; Leirner foi um deles (Figura 6.8). O convite confirma mais uma vez a cooptação de artistas pelo sistema publicitário, que, com frequência, nesse caso, se valem dele para se posicionar criticamente a respeito da sociedade de consumo.

Certamente não será a última vez que artistas vão empregar elementos comunicacionais do sistema publicitário para elaborar suas obras e, na outra mão – alguns –, vão se servir desse sistema e produzir arte por encomenda para anunciantes, posto que é típica essa relação simbiótica.

Passemos à esfera da literatura, analisando um texto de Lydia Davis (2017), "Carta a uma fábrica de balas de menta", no qual a autora assume

Figura 6.8 – Rótulo da vodca Absolut (2007), ilustrado por Nelson Leirner

FONTE: REPRODUÇÃO

em sua prosa ficcional a configuração de uma carta, como o título explicita – e cujo conteúdo trata das relações produtor-consumidor e envolve, portanto, o sistema publicitário.[4] Davis repete essa forma literária em outras de suas ficções ("Carta a um fabricante de ervilhas congeladas", "Carta a um gerente de marketing", "Carta a um gerente de hotel" etc.).

No texto em análise, a narradora escreve um texto ao estilo das mensagens encaminhadas ao Serviço de Atendimento do Consumidor (SAC), canal das empresas aberto para acolher críticas e sugestões do público. A carta é dirigida ao fabricante das balas Puxa-Puxa Peps da Vovó, designação que ridiculariza o nome de certas marcas comerciais. A consumidora faz, inicialmente, referências positivas às balas por serem orgânicas (o rótulo diz que não contêm conservantes, nem corantes, nem sabores artificiais) e estarem acondicionadas em embalagem atraente, uma lata natalina de cor vermelha, convencendo-a da compra, efetuada em uma mercearia sofisticada de uma pequena cidade do interior, por onde ela com o marido passaram em viagem.

_____

4　No capítulo 10, ampliamos a análise dessa carta de Davis, discutindo textos de embalagens de alimentos.

Mais adiante, contudo, a consumidora passa a manifestar seu desagrado com vários atributos do produto, que motiva e pauta de fato o envio da carta. As principais queixas se referem (Davis, 2017, p.147-8):

- ao custo: "fiquei chocada com o preço, que era $ 15 por uma lata de balas de menta, peso líquido treze onças (369 gramas)";
- à qualidade: "quando finalmente comi uma, mastiguei-a com cuidado e muita dificuldade. A bala acomodou-se muito mal na minha boca, uma vez que ficava grudando ora num dente ora noutro";
- à quantidade: o fabricante não informa precisamente o número de balas na embalagem, apenas que havia doze porções e meia por lata (cada porção contém seis balas), o que, na conta da consumidora, perfaria 74 balas. No entanto, depois de contá-las várias vezes, ela, o marido e o filho chegaram ao total de apenas 51 unidades, cerca de dois terços do anunciado na embalagem.

Davis faz desse tipo de comunicação entre público e empresa um jogo interdiscursivo, irônico com a linguagem publicitária, expressando uma das reivindicações mais corriqueiras dos consumidores sobre fraudes de fabricantes ou omissão de informações exatas sobre os ingredientes dos produtos etc. Não à toa, a carta finaliza com posição explícita da consumidora e de seus familiares sobre a qualidade e a quantidade das balas: "estavam deliciosas, mas estamos nos sentindo ludibriados, ou deveria dizer... roubados? Os senhores poderiam explicar a discrepância" (ibidem, p.149).

Seguimos, agora, com o poema "Reclame", de Oswald de Andrade (2000, p.123), poeta seminal do nosso movimento modernista, que não apenas faz da linguagem publicitária, ainda em formação no Brasil dos anos 1920, o seu tema, como também mimetiza um de seus principais recursos, o testemunhal, veiculado tanto em anúncios impressos como nos primeiros depoimentos de rádio (os *spots* ou reclames):

Fala a graciosa atriz
Margarida Perna Grossa

Linda cor – que admirável loção
Considero lindacor o complemento
Da toalete feminina da mulher
Pelo seu perfume agradável
E como tônico do cabelo garçone
Se entendam todas com Seu Fagundes
Único depositário
Nos E.U. do Brasil

Vejamos outro poema de Oswald de Andrade (2000, p.121), "Ideal bandeirante", que, por sua vez, reproduz recursos estilísticos gerais da publicidade impressa, nesse caso do setor imobiliário, com emprego da função conativa, que opera como ordem ou comando e uso marcado por verbos no imperativo:

Tome este automóvel
E vá ver o jardim New-Garden
Depois volte à Rua da Boa Vista
Compre o seu lote
Registre a escritura
Boa firme e valiosa
E more nesse bairro romântico
Equivalente ao célebre
Bois de Boulogne
Prestações mensais
Sem juros

Tanto em "Reclame" como em "Ideal bandeirante", temos poesias que emergem das estruturas formais e suasórias da publicidade apolínea, aquela que, de acordo com Carrascoza (2004), se alicerça em argumentos lógicos e enfatiza as qualidades dos bens, traços do discurso autoritário (o primeiro modo de ser e proceder da comunicação publicitária).

Avancemos nossa análise com "Os nomes mágicos", poema de Carlos Drummond de Andrade (1973, p.169), cuja obra contém muitos textos que dialogam com o sistema publicitário, quando não revelam as mudanças de seu léxico com o passar do tempo, como veremos.

sêdula	syfra	cynal	
çomma			
bredda	kreza	kressynk	dekred
			ryokred
fydex	fynywest	ynwesko	
horwendys			
hortek			
del-tek			
há-les			

halley áureo foguete em órbita 180
210 240 360 dias-cruzeiro
melódico deságio & borborigmo de presságio
Quando seremos ricos, morena?
No fim de $ 5 anos-kofybrasa
se não perdemos até o ouro das cáries
e ainda restar memória de riqueza
no ar nohrlar

O poema faz parte do livro *Boitempo*, volume no qual Drummond investe integralmente na rememoração de seu passado em Minas Gerais, sobretudo dos seus primeiros anos de vida, bem como da adolescência, centrando-se quase sempre em episódios e situações iniciáticas. Não sem propósito funde em seus versos o fascínio com a descoberta da escrita – e da reescrita que a caracteriza – na grafia das palavras (cédula, cifra, sinal) e do sentimento amoroso ("Quando seremos ricos, morena?"). Em meio a essas palavras "mágicas", despontam aquelas que, à época, soavam como nomes de produtos estrangeiros lançados no mercado brasileiro por meio de campanhas publicitárias (bredda, fydex, fynywest, del-tek etc.).

Essencial apontarmos que o nome de marcas comerciais, produtos e serviços, ou *naming* na designação mercadológica, conforme Carballido (2014), é o ponto inicial do processo discursivo do escritor, a passagem na pia batismal do sistema publicitário que vai orientar muitas de suas ações comunicacionais dali em diante.

Drummond, com sua obsessão pelo tema financeiro e pelo "grotesco das siglas e dos nomes publicitários" como ressalta Merquior (2016), volta ao esse assunto no poema "Os materiais da vida" (Andrade, 1977, p.182):

> Drls? Faço meu amor em vidrotil
> nossos coitos são de modernfold
> até que a lança de interflex
> vipax nos separe
> > em clavilux
> camabel camabel o vale ecoa
> sobre o vazio de ondalit
> a noite asfáltica
> > plkx

Nesses "materiais", temos novamente o tema do convite à conjugação sentimental, com laivos paródicos do contrato católico ("até que a morte nos separe"), e, claro, o que mais nos interessa:

- a enumeração de neologismos inspirados em nomes de produtos e serviços ou de seus qualificativos em um período de maior afluência de mercadorias a partir dos anos 1960 (vidrotil, modernfold, interflex, vipax etc.);
- os recursos testemunhais e retóricos usados pela publicidade ("Faço meu amor", "nossos coitos são", "em clavilux", "camabel camabel", "vazio de ondalit"). Drummond materializa o poema criando *namings* e "imitando" o estilo publicitário.

O discurso desses dois poemas polemiza com o batismo dado pela publicidade às marcas e aos seus produtos e serviços e com os procedimentos linguísticos dela.

UNINDO AS PONTAS

Entre as inumeráveis tramas discursivas que entrelaçam a mídia, duas delas, a artística e a publicitária, mantêm diálogo constante desde a origem da segunda, que trouxe a primeira como uma das matrizes de seu arcabouço comunicacional. Contudo, vez por outra, artistas de diversas áreas recorrem às formas da publicidade (quando não também ao conteúdo dela) como matéria-prima essencial para criação de suas obras.

Vimos nesse nosso percurso exemplos associados precisamente às artes plásticas, com os trabalhos da estadunidense Ellen Gallagher, do chinês Wang Qingsong e do brasileiro Nelson Leirner, artistas que partiram do universo publicitário, ora se aproximando ora se afastando de suas configurações estilísticas, e produziram discursos nem sempre polêmicos, mas, nos casos que analisamos, lúdicos, dentro da caracterização dessa modalidade na qual a polissemia se mantém aberta.

Quanto aos textos literários aqui estudados, nos quais escritores partem de formas e/ou conteúdos da linguagem da propaganda – Lydia Davis, Oswald de Andrade e Carlos Drummond de Andrade –, vimos que consubstanciam discursos lúdicos e polêmicos, além de expressarem mudanças dos próprios padrões formais e temáticos da publicidade como a entendemos atualmente: expandida, ao englobar em suas estratégias e táticas a produção da estética da mercadoria (desde o nome, a embalagem, os dêiticos visuais e linguísticos), a exibição no ponto de venda (física e/ou virtual), envolvendo inclusive a parte que, tempos atrás, era considerada sua ação e finalidade – a criação e veiculação das mensagens (compulsoriamente persuasivas) de promoção das marcas, produtos e serviços.

Se a arte é uma raiz da qual a publicidade suga a seiva para se alimentar e se arvorar em linguagem sedutora – e que monopoliza os estudos centrados em apropriações de poéticas –, os "materiais mágicos" da publicidade servem igualmente de aditivo ou insumo para a arte (seja do campo visual ou das letras) se expor, conforme o posicionamento de seus criadores: artistas emaranhados, sem exceção, na galharia do capitalismo que os gera e, mesmo o acusando, dele não se libertam.

7
O consumido e o consumado[*]
Apropriações antológicas e inéditas de Borges

INTRODUÇÃO BORGIANA

As artes se contaminam mutuamente na esfera cultural, cada uma à sua maneira, pelas suas próprias configurações canônicas (incluídas as das vanguardas) e pelos numerosos procedimentos estilísticos de seus criadores. A literatura, em particular, se apropria de elementos e técnicas que pertencem a outras artes e ostenta dezenas de exemplos expressivos dessa apropriação, sobretudo por autores que constroem sua obra, de inegável inventividade, relendo e recontando, ou mesmo fagocitando, aspectos enunciativos e denunciativos de obras clássicas. Esse é o caso do escritor Jorge Luis Borges.

Desnecessário aqui elencar contos, poemas e ensaios desse escritor nos quais não se note seus enciclopédicos e multi-idiomáticos intertextos com a tradição, a greco-latina em especial (mas não apenas ela), em forma de paródias ou paráfrases, que exploram de forma peculiar, senão inaugural, o já escrito por nomes incontornáveis das letras (Homero, Shakespeare, Cervantes, Milton etc.). Contudo, vale ressaltar que, nessa poderosa e influenciadora maneira de armar suas narrativas, Borges trouxe para a fortuna literária mundial contos como "Pierre Menard,

---

[*] Originalmente publicado na revista *Lumina*, Juiz de Fora, v. 14, n.2, maio-ago. 2020, p.74-87.

autor do Quixote" e "Teoria da ciência", em cujos enredos a questão da incorporação está posta explicitamente. Além deles, apresentou textos aparentemente menores, mas que, de modo implícito (ou melhor, camuflados ou frutos de seus singulares despistes), como "O homem da esquina rosada" e "A intrusa", também, numa análise mais vertical, não ocultam plenamente os veios ou as britas de narrativas advindos de histórias anteriores consagradas pelo tempo.

Nossa pesquisa sobre a poética de Borges nos levou aos acervos pessoais do autor depois de um longo périplo com a guardiã de seus documentos, Maria Kodama.[1] Consultando alguns textos que Borges ditou nos últimos meses de sua vida para a companheira, encontramos alguns que jamais chegaram ao leitor de língua portuguesa, o que não é exceção na disseminação editorial póstuma da obra desse autor. Apenas sete (número cabalístico, caro ao escritor) desses textos foram publicados: no livro *Dispersos* (1994) na Argentina e em suplementos literários da Espanha e do Reino Unido. Estranhamente, não todos, apenas um, "Verbo-eros", cujo tom lascivo talvez seja único na obra de Borges, apareceu em uma revista de Estocolmo[2] – por ironia a cidade sede do Prêmio Nobel, que não reconheceu a grandeza da obra de Borges por não a entender como de sua verdadeira e autêntica autoria.[3]

Nosso intuito, nas páginas a seguir, é partilhar com os pesquisadores dedicados aos estudos das apropriações, desapropriações e inapropriações no âmbito das artes esses contos inéditos de Borges, por nós traduzidos para o português, apontando brevemente elementos ou resíduos da literatura antiga e de apócrifos que ele, como editor de assombroso talento,

---

1   Os pormenores para obtermos esse acesso são irrelevantes, mas, caso seja de interesse do leitor, o testemunho dessa odisseia pode ser encontrado na revista *Piauí*, n. 234, set. 2019.

2   Na Espanha, os contos saíram no jornal *El País*, 23 jan. 1996; no Reino Unido, no caderno C do *The Guardian*, 31 abr. 2004; na Suécia, na *National Library Magazine*, n.123, 2001.

3   Ver nossa tese de doutorado *O plágio do universo original: um estudo sobre o processo criativo (imitativo) do escritor Jorge Luis Borges e suas cópias autenticadas pela crítica literária globalizada*, defendida na Pontifícia Universidade Católica de São Paulo, 2015.

inseriu nesses textos. Esperamos, assim, que esses contos possam receber observação mais profunda e gerar interesse pelo valor e pelos recursos estilísticos incorporados pelo autor, àquela altura da existência cego, que os "escreveu" por meio de sua voz e cuja concretização na forma escrita contou com a mediação de Kodama (mediação que impõe, igualmente, o tema da cocriação).

Convém, então, apresentar os referidos textos com exíguo detalhamento, deixando-os como terra a ser lavrada pela leitura e posterior análise por aqueles que detêm os saberes para essa empreitada. Para nós, seria uma iniciativa redutora ocupar este espaço para apresentar unicamente a nossa percepção dos enunciados dominantes na memória discursiva desse pequeno, mas rico *corpus* da produção borgiana. Realçamos apenas a definição de Silviano Santiago (2000) da literatura como uma forma de antropofagia, lembrando que o leão se alimenta de cordeiros, ou seja, nossa posição se assenta na certeza de que o consumo literário de Borges, as obras consumadamente clássicas lidas por ele, geraram a totalidade de seus escritos.

Dois desses sete contos inéditos, "Círculo-sonho" e "Sonho-círculo", tratam de uma das obsessões do escritor argentino – os sonhos, já anunciados nos títulos –, mas ensejam, ao contrário, pesadelos. A rede de citações de textos antigos de variadas culturas (nórdica, hindu e persa) é das mais complexas e merece uma investigação profunda dos estudiosos de teoria e crítica literária, pois revela não apenas a mistura de matéria-prima que Borges se valeu para elaborá-los, mas também insinua seu circuito de leitura, ou seja, as obras canônicas (tanto da tradição ocidental quanto da oriental) que ele consumiu para elaborar as narrativas.

"Verbo eros", como já mencionado, traz um registro erótico, inexistente até então na produção desse autor, não obstante possamos apontar nesse relato, ditado por um quase nonagenário cuja memória remonta à descoberta da linguagem (em sua infância), que a lubricidade da escrita está bem mais em relevo do que a escrita da lubricidade.

O conto "Selva", que, a princípio, poderia contrastar com as temáticas usualmente trabalhadas por Borges, é uma peça literária distópica; como se fosse um Tirésias do século XX, o escritor prediz talvez a pandemia do novo coronavírus que abala o mundo desde o ano de 2020.

Há uma dinâmica de diálogos entre os dois personagens protagonistas (a dona de uma pousada e um viajante) incomum na prosa do escritor platino, mas é provável que seja uma imitação dos contos do *Decamerão*, de Boccaccio (1979), nascidos, em contexto semelhante, da reclusão de um grupo de pessoas forçada pela eclosão de uma peste.

Outro desses contos desconhecidos do público lusófono, "Fruta e fábula", embora de curta extensão, traz um desfecho desconcertante, como muitos textos de Borges com esse formato, entre os quais "Episódio do inimigo" e "O cativo". Temos uma apropriação não só de uma fábula de Esopo, mas também o insinuante e inusitado uso das *kenningar*, figuras de linguagem primitivas, consideradas matrizes das metáforas.

"Sal" é um típico relato borgiano, a modo de seu célebre conto "A aproximação a Almotásim", e nos conduz à juventude do escritor e ao tema das coincidências, explorado por ele em outras histórias, como "A flor de Coleridge", e mesmo em seus poemas de cunho religioso. Nesse texto, destacamos o distanciamento do narrador-protagonista que, embora se expresse em primeira pessoa, refere-se a si mesmo como "ele", nos lembrando da superfície dos espelhos – outra obsessão de Borges.

Por último, "Dois cegos" (cumpre esclarecermos, integralmente aqui traduzido) tem um de seus trechos reproduzidos no livro *Nos labirintos de Borges* (Carrascoza; Agualusa; Cunha, 2014), mas a autoria é assumida por um escritor brasileiro contemporâneo. Na trama da história, a referência a Tirésias como precursor do próprio escritor argentino, além de um raro exercício biográfico, expõe uma nova versão da deficiência do grego, caracterizada como vidência. Borges (ibidem) desapropria a maldição que desqualifica Tirésias e a transforma em dom ou virtude – virtude da escrita como produto da leitura.

Vejamos, a seguir, os sete contos que traduzimos excepcionalmente, como já dito, para somar à labiríntica discussão das obras criadas pelo método "corte e cole", denominado no campo literário de escrita não criativa.

Círculo-sonho

Uma noite, em meio à guerra, soldados-sonho de uma facção tomaram uma aldeia inimiga e violentaram as mulheres-sonho que lá viviam e, após

incendiar as casas, fugiram às carreiras. Algumas mulheres-sonho enlouque-
ceram, outras se enforcaram. Uma, no entanto, engravidada pelos soldados-
-sonho, sem saber o que acontecia com seu corpo, gerou, tempos depois,
um menino-sonho. E, quando cresceu, o menino-sonho soube por sua mãe,
à espera da morte, que ele era filho-sonho de um estupro coletivo. A guerra
entre as duas facções terminou – o jovem-sonho saiu então à procura de
seu pai. Demorou anos para localizar um dos soldados-sonho que haviam
cometido aquela vilania e, por meio dele, encontrou os outros – já velhos e
inválidos. Tentou descobrir qual seria o seu pai, mas, como não reconheceu
seu rosto no rosto de nenhum dos ex-soldados-sonho, decidiu matar todos.
Em memória de sua mãe, torturou-os, um a um, antes de incendiá-los vivos.
Quando o último deles queimava, a mulher-realidade que gerava essa histó-
ria-pesadelo despertou e ouviu o som dos bombardeios e, debruçando-se à
janela do quarto, viu os soldados-sonho invadindo a sua aldeia.

Sonho-círculo

Um sonho-mulher e um sonho-homem se encontraram, certa ocasião,
na mente de um Sonhador. Apaixonaram-se, copularam e geraram um
sonho-menino. Esse quis saber de onde vinham e para onde iam os sonhos.
Mas, nem bem fez essas perguntas, já era um sonho-morto. E morto, o
sonho-menino se viu numa barca em meio a um rio. Perguntou ao bar-
queiro para onde iam. Só há duas rotas, o homem explicou: a primeira o
levaria a uma das margens, onde, depois de conhecer o Sonhador, ele se
diluiria no esquecimento. A outra o conduziria à margem oposta, onde não
encontraria o Sonhador, mas se recordaria de sua breve-e-idílica-vida. Qual
delas o menino-sonho escolherá?

Verbo eros

Tirei devagar a calcinha da palavra – sua vulva, em destaque, atraiu
no ato minha língua e meu falo; aquela tomou a iniciativa, ponta úmida
e macia a preparar a entrada desse, seco e bruto. De seus lábios unidos, à
espera de que eu os afastasse, subiu o aroma da reentrância escura, enquanto
a linha de sua penugem rabiscava minha vista. Lambi-a longamente, vulva-
-da-palavra, salivando o seu corte na carne, passando de uma virilha a outra
e retornando à sua base, para imprimir em minha boca a sua cicatriz. Depois

de trazer com meu molho o seu à superfície, lubrificado o desejo de me esconder, entrei lentamente nela, que, contraindo-se, elevou-me do silêncio à fala. Eu, menino – em meu primeiro gozo-palavra.

Selva

1

– Há alguma vaga aqui? – perguntei, quando a porta se abriu e a mulher apareceu com o candeeiro na mão.

– A pousada está vazia – ela disse, aproximando o facho de luz de meu rosto. – A praga espantou os turistas...

– Não tenho medo – eu disse.

– De onde vens? – ela perguntou, mirando-me os olhos.

– Da fronteira – respondi.

– O sol se pôs faz tempo. Como te guiastes, pela mata, nessa escuridão? – ela perguntou, mordendo os lábios.

– Vim lendo as estrelas, como os índios – respondi.

– Passe! – ela disse, empurrando-me. – O diabo costuma tentar entre os batentes...

– Obrigado – eu disse.

– Ainda há estrelas em teus olhos – ela disse, acendendo outro candeeiro.

– Vou apagá-las com o sono – eu disse.

– Tuas roupas estão molhadas – ela disse.

– Logo secam – eu disse.

– Tens fome? – ela perguntou.

– Sim! E a sede me queima a boca – eu respondi. – Mas não tenho dinheiro com que pagar.

– Aqui o dinheiro não vale nada – ela disse. – E tu falas demais para quem andou tanto.

– Perdoe-me – eu disse.

– Tua voz é mais jovem que o teu rosto – ela disse, enfiando-se por um largo corredor.

– Talvez porque sou um contador de histórias – eu disse, seguindo-a.

– Esse é o teu quarto – ela disse, abrindo uma porta. – É o melhor da pousada.

– Não sei se mereço a cortesia – eu disse.

– Aqui dormia uma antropóloga – ela disse. – A praga a levou na semana passada.

– Lamento – eu disse.

– Deixou aí esse vestido de noiva – ela disse.

– Panos sempre têm alguma serventia – eu disse.

– Estamos sós! – ela disse.

– Tem certeza? – perguntei. – Vejo umas sombras ali.

– São apenas macacos – ela respondeu. – Vou ferver água para o teu banho.

2

– Ensopado de tartaruga – ela disse, colocando a terrina fumegante à minha frente. – Espero que aprecies, é o que temos por aqui.

– A fome apura o paladar – eu disse, servindo-me. – E tu? – perguntei vendo-a beber um gole de aguardente.

– Estou nauseada – ela respondeu, enxugando os lábios com as costas das mãos. – A solidão me tira o apetite.

– Em mim aumenta – eu disse, mastigando com avidez.

– O banho te reanimou – ela disse, entregando-me a garrafa.

– Nada pode reanimar uma alma partida – eu disse, indiferente.

– E o que tu sabes da alma? – ela perguntou, as feições diluídas na penumbra.

– O mínimo para se viver – eu disse.

– Ninguém sabe muito de si mesmo – ela disse e soltou uma gargalhada. – A fome destempera a razão.

– A tua comida está saborosa – eu disse, mudando de tom.

– Não te esforces para me agradar – ela disse. Recolheu a garrafa e bebeu outra talagada. – O melhor de um homem é a sua sinceridade.

– Não sou adulador – eu disse, a boca cheia de comida.

– Tua voz é mais jovem que o teu rosto – ela repetiu, engolindo-me com os olhos. – Vais me contar uma história?

– É só o que sei fazer – eu disse. – Mas não esta noite!

– Por quê?

– Preciso dormir. Me sinto exausto...

– Estou pedindo apenas o que podes me dar – ela disse, tomando outro gole.

– Ninguém pode dar senão o que já é do outro – eu disse.

3

– Posso entrar? – ela perguntou, batendo à porta.

– A casa é tua – respondi, já deitado.

– Não te obrigues a nada – ela disse e entrou, iluminando o quarto com o candeeiro.

– Por que estás com esse vestido? – perguntei.

– É apenas pano, como tu dissestes – ela respondeu. – E talvez eu não tenha outra ocasião para usá-lo.

– És uma mulher bonita – eu disse.

– Então vais me contar uma história? – ela perguntou.

– Estou cansado demais – respondi. – Amanhã, se quiseres, conto-lhe várias.

– Amanhã podemos estar mortos – ela disse, cambaleando. – A praga está próxima.

– Morremos a todo instante – eu disse.

– Quero morrer com boas lembranças – ela disse, acercando-se da cama.

– Lembranças não servem para nada – eu disse.

– De que vive então um contador de histórias? – ela disse e emendou: – Conta-me uma esta noite.

– As palavras não me obedecem – eu disse. – Amanhã, quem sabe...

– Hoje! – ela disse.

– Essa luz está me ardendo os olhos – eu disse.

– As estrelas já se apagaram neles – ela disse, mirando-me frente a frente.

– Deixa-me dormir – pedi.

– A solidão te embriagou – ela disse.

– O álcool é mau companheiro – eu disse.

– Não suportas estar a sós contigo! – ela disse.

– Pois é – eu disse – Toda história é para dois.

– Se não queres contar uma, então escreva a tua no meu corpo – ela disse, com o hálito forte de bebida.

– A minha história me pesa demais – eu disse.

– Tu a tornas leve se em mim a pronuncias – ela disse. E foi tirando o vestido.

Fruta e fábula

Esopo, faminto e exausto de tanto caminhar, viu uma árvore distante carregada de frutas-fábulas. Arrastou-se devagar até lá e, acercando-se de sua copa, constatou, por entre a folhagem, que as fábulas maduras pendiam nos galhos mais altos. Atirou pedras-e-pedras para derrubá-las, mas suas tentativas em nada resultaram. Sentou-se à sombra da árvore e, mirando as fábulas-frutas, disse: *Estão podres.*

Sal

Depois que partiu de Granada, ainda a primeira viagem à Espanha, resolveu viajar para o Marrocos. Passou o estreito de Gibraltar e foi a Tânger e a Fez. Ao retornar, parou em Algeciras, onde dormiu uma noite no saguão de um albergue, cujo porteiro, um português, apiedou-se dele e permitiu que se ajeitasse por ali, não sem antes cobrar o preço de um quarto e lhe exigir a *propina.*

Tentou permanecer mais um dia na cidade, batendo em *hostais* e pousadas e até mesmo em hotéis caros. Mas era alto verão, Algeciras sangrava turistas, e ele não encontrou vagas em nenhum lugar. Foi à estação rodoviária comprar passagem para algum *pueblo* da Andaluzia. Decidiu-se por Málaga e para lá seguiu num ônibus lotado. Nem imaginava que um enxame de viajantes, sedentos de praia, até mais do que em Algeciras, já entupia a cidade.

Desembarcou às seis da tarde em Málaga, mas, como o sol persistia no céu até dez, onze da noite, calculou que teria tempo de sobra para achar um *hostal.* Pôs-se a procurar ali, nas redondezas, onde, pela proximidade e pelos preços baixos, os mochileiros costumavam ficar. Não encontrou vagas nos primeiros, mas imaginou que adiante haveria alguma *habitación.*

Embrenhou-se pelas ruas da cidade. Procurou, procurou, e nada. Quando se deu conta, passava das nove horas. Começou a se inquietar, quando, no último albergue, o porteiro comentou que, naquela noite, havia uma festa tradicional em Málaga, seria impossível encontrar algum quarto.

Ele passara por muitas praças com gramados, onde poderia se deitar, mas, como soubera ao chegar à Espanha, a polícia corria os logradouros públicos, expulsando quem se arriscasse a dormir ali.

Foi quando viu três jovens, que caminhavam juntos no fim da rua, separarem-se, e cada um entrar num *hostal.* Segundos depois, saíram, um a um, e se reuniram novamente. Na certa buscavam pouso e, igual a ele, não estavam achando. Foi em sua direção, e, em conversa com os jovens, confirmou a sua suspeita.

Eram mexicanos, e dali seguiriam para Toulouse, onde um amigo os esperava. Estavam desolados. Tinham chegado a Málaga ao meio-dia, haviam conseguido passagem para Toulouse somente para o dia seguinte e, desde então, rodavam pelas ruas da cidade atrás de hospedagem. O mais velho, para unir forças e reanimar os demais, disse-lhe: *junte-se a nós, vamos procurar juntos.*

O convite lhe avivou a esperança. Se era mais difícil encontrar vagas para quatro pessoas, menos solitária, no entanto, se tornava a sua peregrinação que, nem era preciso lembrar, começara pela manhã em Algeciras.

Com ímpeto renovado, prosseguiram a procura pelas adjacências, entrando em outros albergues, mas saindo deles sempre com o não nas faces suadas – o calor não arrefecia, apesar da expansão da noite. A uma dada hora, sentaram-se num café. O mais velho propôs que pegassem um táxi e fossem a uma zona afastada do centro, onde talvez os turistas não tivessem ainda tomado as pousadas. Houve uma certa resistência, por conta do custo do deslocamento e pela incerteza do resultado. Então, foi estipulada uma quantia para aquela tentativa, a ser dividida entre os quatro. Alcançado esse valor, saltariam do táxi e continuariam a busca a pé.

Abordaram, então, um taxista, e este, apesar de pouco amigável, aceitou fazer a corrida. O melhor seria levá-los a um bairro distante e para lá se dirigiu. Quando entrou numa longa avenida, disse, *se não encontrarem aqui, só no camping!* O grupo combinou um revezamento: dois permaneceriam no táxi, enquanto outros dois desceriam e entrariam nos *hostais* para perguntar por vaga; ao retornarem, o carro prosseguiria, e, mais adiante, a outra dupla repetiria o procedimento.

Já passava da meia-noite e eles continuavam sem perspectiva, o valor combinado com o taxista prestes a ser atingido. O mais velho decidiu: *leve a gente pro camping!* Não tinham equipamento para acampar, mas lá, pelo menos, poderiam dormir no chão, livres da repressão policial. O táxi estacionou numa rua erma. Paga a corrida, os quatro seguiram adiante.

Ele se sentia exausto, mas esperançoso. Apesar do escuro, via-se, pelo vão das cercas do camping, o amontoado de barracas coloridas entre as árvores. Mas, quando se aproximaram do portão, notaram numa placa os dizeres: *no hay plaza.* Um dos mexicanos, enfurecido, chutou o portão, fechado com cadeado, e tentou escalá-lo. Mas, àquela altura, faltava-lhe braços.

O mais velho retomou a iniciativa e foi margeando o camping. Caminhava com firmeza, seguido pelos demais. Conforme avançavam, perceberam que, adiante, insinuava-se uma avenida de terra, à beira-mar, onde a luz fraca de um bar oscilava.

Dirigiam-se para lá e, quando se acercavam, a luz se apagou e umas vozes foram se afastando, se afastando, até silenciarem. O luar lhes indicou uma amurada em frente ao bar, e, saltando na areia, os quatro ali se acomodaram, fazendo de suas mochilas travesseiros.

Ele fechou os olhos. O som da maré o embalou e a brisa do mar refrescou seu corpo quente. Aspirou, seguidas vezes, o aroma do sal, que lhe pareceu uma bênção. E adormeceu feliz.

No dia seguinte, sua consciência foi abruptamente ligada. Uma corrente fina, mas persistente, de água fria, caía sobre sua cabeça. Ele se levantou, assustado, e demorou para compreender o que ocorria: uma mulher lavava a soleira da porta do bar. A água, jorrando da mangueira, penetrava numa fenda da amurada e gotejava no lugar onde ele se deitara. Os mexicanos dormiam, incólumes; uma gaivota rasgava o céu.

Mas, se contou este fato, muitas vezes, após retornar ao Brasil – não pelo longo dia à procura de cama, mas por aquele aroma de sal, aspirado à noite – aroma que jamais sentiu em outra praia –, ele, aos poucos, premido pelas urgências diárias, foi se esquecendo de tudo, tudo.

Soterrada se manteve aquela lembrança, até mesmo quando, passados vinte e dois anos – vinte e dois, o segundo número palíndromo –, ele voltou a Málaga para um congresso. Queria fugir da algaravia do hotel oficial dos congressistas e escolheu, pela internet, uma pousada distante do centro.

No aeroporto, pegou um táxi (outros eram os tempos) e rumou para lá. Era noite madura e longo foi o seu trajeto até a pousada, numa praia distante do centro da cidade. Num trecho do caminho, que lhe pareceu familiar, avistou uma extensa área arborizada, imersa na escuridão. Era o camping, desativado, o que ele só foi saber depois.

No dia seguinte, iria ao congresso só à tarde. E, como estava no coração do verão, caminhou até a praia para se banhar. Havia uns bares rústicos na orla e seus pés o levaram até um deles. Sentou-se à mesa e pediu uma cerveja. Sem um motivo maior, ficou a observar a mulher que o serviu. Ela envelhecera. Pegou a mangueira e começou a jogar água por ali.

Ele fechou os olhos. A brisa refrescava o seu corpo quente e o som da maré o embalava. Sorveu o ar e, então, sentiu aquele (aquele) aroma de sal. Sorveu outras vezes o ar e exalou-o, devagar, sentindo a certeza, como uma gaivota, pousar em suas mãos.

Abriu os olhos e caminhou até a amurada, em frente ao bar. Lá embaixo, os mexicanos, despertos, riam da água, certeira, que caía sobre sua cabeça.

Dois cegos

Arrasto os pés por essas terras calcinadas. No pó vulcânico, deixo as marcas de meu destino. Cego por um castigo de Júpiter, vivo à deriva, enfrentando os maremotos do futuro. Apodreço lentamente nesse tempo de horas vazias e imóveis. Exilado permanente das trevas, palmilho imensuráveis distâncias. Meu itinerário nunca se finda, vou de ilha-em-ilha, velando a sorte desse leviano arquipélago. Em troca de comida, ofereço a exatidão de minhas profecias. Boiando no caldo-da-escuridão, o tempo para os meus olhos não se divide. A eternidade se movimenta em minha cegueira. Aberto para um universo paralelo, embriago-me com o horror e a poesia de eras ulteriores. Morto para esse tempo, vejo no entanto a vida do próximo. Vejo a jovem Medéia escutar o uivo primitivo do mal e se iniciar nos dons da feitiçaria. Vejo-a, anos depois, degolar os filhos e ascender com dragões alados pelos céus da Cólquida. Vejo toda a sua história e a de Édipo, que também conheceu a densidade das trevas. Vejo a história de Hércules, de Aquiles, Teseu, Quíron, a história de todos os mortais até o êxodo dos deuses. A vidência, essa lepra implacável que mastiga as raízes do cérebro, nem a mim poupa. Prevejo com insuportável nitidez o meu porvir. Na sombra, vejo um homem que me aguarda, séculos à frente. Um humilde grego de sandálias toscas que se recordará de mim e lançará sua verve ao papel. Como pedra, que atirada ao rio produz círculos concêntricos até atingir a margem, outro homem então, mais adiante, me recordará também, com igual intensidade. Esse segundo, resignadamente cego, apoiado a uma bengala, um dia cortará a rua de uma cidade-platina. Entrará numa biblioteca cujas inumeráveis estantes de livros recordam o labirinto de Dédalo. Na curva de uma delas, intuitivamente, apanhará um livro. Uma obra sobre o seu passado e o meu presente. Pedirá a alguém para que leia algumas páginas em voz alta. Impaciente, se moverá na cadeira, preso à sua escuridão. E, então, vejo-o sorrir e ditar a minha-história.

À GUISA DE CONCLUSÃO

É provável que haja outros textos de Borges ainda não traduzidos para o português, e até mesmo para outras línguas. Um dos últimos achados literários notáveis das últimas décadas foram as gravações de seis palestras ministradas pelo escritor argentino na Universidade de Harvard entre 1967 e 1968, que resultaram na publicação, em várias partes do mundo, do livro *Esse ofício do verso* (2000).

Os contos aqui apresentadas, agora acessíveis ao leitor brasileiro, somam-se àqueles mais conhecidos de Borges, eivados de enunciados que extraiu de obras do cânone ocidental (em sua maioria) e oriental. Essas narrativas acenam para outros recursos do escritor argentino: destacam menos a assimilação comum a toda criação de elementos explorados por obras pregressas e consagram mais uma espantosa bricolagem de blocos dos enredos dessas obras. E acrescentam a estranha novidade de trazer palavras compostas, com hifenização, com mais ocorrências do que nos demais textos de prosa de Borges.

Imprescindível alertarmos também para o infindo dilema do processo de transcriação de obras de um idioma para outro: nós, que traduzimos essas histórias borgianas, não somos de fato os autores delas, como Pierre Menard, autor do Quixote? Eis, de fato, uma interrogação pertinente, capaz de ser respondida tão somente pelos rábulas, ou pelos puristas, da academia.

8

Seminário dos ratos[*]

Uma metáfora dos eventos científicos de comunicação

GENTE COMO A GENTE

Os eventos científicos – nas mais distintas modalidades (congressos, seminários, simpósios, jornadas etc.) – são, ou deveriam ser, o lócus para a apresentação de novas teorias e metodologias, divulgação do estado da arte, difusão de novos saberes e discussão de pesquisas (finalizadas ou em andamento) contributivas para a ciência. No entanto, em uma era de transformações aceleradas e ininterruptas no campo da comunicação midiática, as investigações da vanguarda acadêmica se descolaram dos eventos com hora marcada, visto que seus resultados (e sua simultânea divulgação) podem se dar a qualquer momento, regidas que são pelo tempo necessário às comprovações de pesquisas. Então, para que serviriam os "encontros" de pesquisadores, se neles o que prevalece é um cabedal de conhecimentos já aceitos ou, em outras palavras, se o que sobressai são trabalhos pouco significativos, quando não anacronismos com nova roupagem? Fossem de fato relevantes, teriam se incorporado a futuras bibliografias, com a consequente menção de que foram partilhados pela primeira vez com a comunidade científica naqueles espaços de discussão (e mesmo de consagração) entre os pares.

---

[*] Originalmente publicado na revista *Estação Literária*, Londrina, v.26, p.192-203, jul.-dez. 2020.

A outra forma de promover as pesquisas e os estudos acadêmicos – e consequentemente gerar avanços científicos – são as publicações em revistas de campo nacionais e internacionais. Na recente pesquisa "Ciência e mídia como campo de estudo: uma análise da produção científica brasileira", Massarani e Rocha (2018) nos mostram que os artigos de nossos pesquisadores são publicados de modo isolado, em geral assinados individualmente, sendo poucos os textos em coautoria. A produção acadêmica publicada em periódicos resulta, efetivamente, por sua própria natureza editorial, em fragmentação, por vezes minimizada com dossiês temáticos, nos quais se pode distinguir posturas teóricas e metodológicas divergentes, mas, ainda assim, não há debates entre os autores, senão em casos raros de polêmicas em que as revistas abrem espaço para réplicas.

Eventos científicos de maior envergadura, não obstante sejam sazonais e concentrem suas atividades em poucos dias, contam com sessões de debate em grupos de trabalho, além de mesas temáticas, possibilitando interação pessoal intensa entre estudiosos. Há também um diálogo "silencioso" entre membros da comunidade científica por meio dos pareceres que elaboram como avaliadores de artigos submetidos pelo sistema "duplo-cego".

Daí porque nos interessa, no presente artigo, investigar essa face pela qual uma parte do campo acadêmico congrega seus pares regularmente em certo tempo e espaço a fim de dividir dúvidas, certezas e conclusões a respeito de seus objetos de pesquisa, gerando não somente uma reunião, mas quase sempre um "acontecimento". Assim, deixamos a esfera da produção científica e seu escoamento via publicações para uma outra ocasião.

Visando enfocar aspectos do *modus operandi* e a real utilidade para a ciência desse tipo de evento, vamos nos valer como proposta metodológica de uma retextualização, conforme conceitua Bettetini (1996) – a transposição de um texto de um determinado domínio, no nosso caso o literário, para outro, o científico – por meio do conto "Seminário dos ratos", da escritora brasileira Lygia Fagundes Telles (2018), cuja trama tematiza não por acaso um encontro de "pesquisadores". Pressupostos teóricos consagrados dos estudos literários (como diegese, detalhes expressivo, imagem pregnante) também serão mobilizados para vertebrar a nossa abordagem, além da observação participante.

Cumpre sublinhar a existência de vários estudos sobre o conto mencionado, embora não na chave interpretativa a que aludimos. Andrade (2019, p.2) enfatiza nessa história "como as organizações governamentais mantêm as estruturas de poder em nome do favorecimento e do enriquecimento de uma classe conservadora". Finazzi-Agrò (2019) trata a ironia e a crítica ideológica da narrativa como traços principais da obra literária de Lygia Fagundes Telles. Massoli (2017) investiga o conto pela lente da ironia (e do insólito), como resistência estética à repressão política nos tempos da ditadura civil-militar no país. Lucas (1990, p.66) analisa panoramicamente a produção ficcional da escritora e se detém de forma breve, mas incisiva, na investigação do conto como ilustração do período do "milagre econômico" brasileiro, no qual havia "a censura, o sigilo administrativo e a repressão de um lado, e os privilégios de outro". Abordagens, portanto, bem distintas da que propomos.

AS PEÇAS DO TABULEIRO: O EVENTO E SEUS PARTICIPANTES

A narrativa de Lygia Fagundes Telles (2018) se inicia com o Chefe de Relações Públicas de um seminário que reúne especialistas em ratos batendo à porta do Secretário do Bem-Estar Público e Privado, para relatar como foi o coquetel de abertura do evento, já que esse não estava presente. O secretário em questão, homem maduro e experiente, é a autoridade máxima, o organizador-responsável pela realização do encontro, mas não participou da solenidade por causa do pé inchado pela gota. O profissional de Relações Públicas, por sua vez, é jovem – o que revela nitidamente a posição hierárquica de mando dos mais velhos e a de subserviência dos iniciantes. A denominação dos cargos "Chefe de Relações Públicas" e "Secretário do Bem-Estar Público e Privado" ensejam, de saída, o viés político que rege esse tipo de "reunião" entre *experts* sobre um mesmo assunto. Se a primeira denominação se restringe ao "público", a segunda, pela sua importância (e, por que não, pela sua ambição?) inclui também o "privado", como se houvesse uma Secretaria capaz de abordar essas duas esferas (a intrínseca e extrínseca). As primeiras linhas do "relatório" oral (termo exato para o contexto ficcional) do jovem subordinado objetiva, a um só tempo, agradá-lo e partilhar com ele as boas notícias:

– Tudo perfeito, Excelência. Perfeito. Foi no Salão Azul, que é menor, Vossa Excelência sabe. Poucas pessoas, só a cúpula, ficou uma reunião assim aconchegante, íntima, mas muito agradável. Fiz as apresentações, bebericou-se e – consultou o relógio – veja, Excelência, nem seis horas e já se dispersaram. O Assessor da Presidência da Ratesp está instalado na ala norte, vizinho do Diretor das Classes Conservadoras Armadas e Desarmadas, que está ocupando a suíte cinzenta. Já a Delegação Americana achei conveniente instalar na ala sul. Por sinal, deixei-os há pouco na piscina, o crepúsculo está deslumbrante, Excelência, deslumbrante! (Teles, 2018,: p.251-2)

O caráter político do evento se amplia, e as designações dada aos outros participantes ironizam a "ilustre" posição deles: *Assessor* da Presidência da Ratesp, Diretor das *Classes Conservadoras* Armadas e Desarmadas.

Evidente na fala do Relações Públicas é a hierarquização interna do campo (Bourdieu, 2011), os espaços destinados aos membros insignificantes e aos luminares: o mencionado diretor ocupa a suíte cinzenta, enquanto a Delegação Americana foi instalada na ala azul, área nobre da casa de campo em que se realizará o seminário.

Aliás, o alojamento dos congressistas em espaços diferenciados da mansão é uma espécie de troféu e, portanto, reservado àqueles que possuem maior capital simbólico (idem, 2007). O Secretário do Bem-Estar Público e Privado questionará essa disposição, ao perguntar ao Chefe das Relações Públicas por qual motivo o Diretor das Classes Conservadoras Armadas e Desarmadas está ocupando a suíte cinzenta. O jovem responderá que escolheu as cores pensando no perfil das pessoas, revelando um critério igualmente vinculado ao poder e à sujeição ao chefe, tratado com excessiva formalidade, como se dá nos círculos parlamentares:

– A suíte do Delegado Americano, por exemplo, é rosa-forte. Eles gostam de cores vivas. Para a de Vossa Excelência escolhi este azul-pastel, mais de uma vez vi Vossa Excelência de gravata azul... (Telles, 2018, p.252)

Para completar a lista dos "personagens" dessa história – e do seminário –, saberemos pelo Chefe de Relações Públicas que acompanhavam o Delegado Americano sua jovem secretária e um cavalheiro ruivo (que parece ser seu guarda-costas), ratificando o hábito entre políticos e acadêmicos de levarem "companhias" em viagens.[1] Há também o Cozinheiro-Chefe, que terá papel determinante no desfecho, e demais empregados – anônimos e insignificantes serviçais em ação somente para garantir o bem-estar dos congressistas e, em consequência, a densidade de suas discussões.

O ENREDO: O EVENTO COMO METÁFORA

Uma vez apresentadas as "figuras" mais proeminentes e que protagonizarão as ações diegéticas[2] do conto de Lygia Fagundes Telles, vamos desdobrando a sua trama e fazendo correlações com o universo acadêmico, seus pesquisadores e seu *habitus* (Bourdieu, 2007).

Como mencionado, os "organizadores" diretamente responsáveis (o Secretário do Bem-Estar Público e Privado e o Chefe das Relações Públicas) decidiram fazer o evento (precisamente o VII Seminário de Roedores) em uma casa de campo, mansão que, para essa finalidade, passou por onerosa restauração, com gastos da ordem dos milhões. Por um lado, causou indignação da imprensa, em especial de um certo jornalista,

---

1 "Convidados" pagos com o dinheiro público para acompanhar nossos governantes em missões diplomáticas, econômicas ou culturais são comuns na história da nossa política. Caso clássico é o de Rose Noronha, que acompanhou o ex-Presidente Lula em várias viagens internacionais (ver https://veja.abril.com.br/politica/relatorio-da-pf-mostra-que-rose-noronha-amiga-intima-de-lula-viajou-13-vezes-para-o-exterior-na-companhia-dele/). Caso recente é o da grande comitiva do Presidente Bolsonaro em visita à Ásia e ao Oriente Médio (cf. https://www.poder360.com.br/governo/viagem-de-bolsonaro-a-asia-e-ao-oriente-medio-custou-mais-r-1-milhao/). Na esfera acadêmica, por meio de nossa observação como participante, testemunhamos a presença de "acompanhantes" de congressistas em inúmeros eventos, com os quais tivemos oportunidade de dialogar e comprovar nosso ponto de vista.

2 Ações diegéticas consubstanciam a diegese – a "realidade" própria que constitui a narrativa ficcional, o "mundo fictício" fora e independente da realidade do leitor.

o costumeiro descaso das instâncias administrativas e políticas do país com o dinheiro público. Por outro, as reformas da mansão ratificam, apesar do desperdício, a prática de fazer obras "para inglês ver", com a finalidade de produzir uma boa (para não dizer uma falsa) impressão sobre a realidade nacional e encobrir-lhe as críticas severas. Não por acaso os "congressistas", sobretudo os estadunidenses, elogiaram a ideia de se realizar a reunião no campo ("bendita solidão" e o "contato íntimo com a natureza") e, tão logo chegaram à casa, foram desfrutar da piscina, de onde se vê "o crepúsculo deslumbrante", como acentuou o Chefe das Relações Públicas. O Secretário do Bem-Estar Público e Privado, contrário à participação de americanos nos assuntos internos do país ("os ratos são nossos, as soluções têm de ser nossas"), menciona explicitamente a constância e a valência desse estratagema:

> Por que botar todo mundo a par das nossas mazelas? Das nossas deficiências? Devíamos só mostrar o lado positivo não apenas da sociedade mas da nossa família. De nós mesmos – acrescentou apontando para o pé em cima da almofada. – Por que não apareci ainda, por quê? Porque simplesmente não quero que me vejam indisposto, de pé inchado, mancando. Amanhã, calço o sapato para a instalação, de bom grado faço esse sacrifício (Telles, 2018, p.252).

E para perpetuar esse comportamento e preparar seu sucessor, o secretário aconselha o jovem: "O senhor, que é um candidato em potencial, desde cedo precisa ir aprendendo essas coisas, moço. Mostrar só o lado positivo, só o que pode nos enaltecer. Esconder nossos chinelos" (ibidem, p.252-3).

Ainda irritado com a crítica do jornalista em relação às despesas de restauração da casa de campo, o secretário diz ao subordinado, em tom de réplica, que os milhões gastos na obra são irrelevantes, pois os ratos estão consumindo muito, muito mais (bilhões das finanças públicas), e que o tal repórter só pode ser de esquerda ou amigo dos roedores. Esse posicionamento revela por isotopia que ele pertence à "direita governista" – mas seria um pensamento primário julgar que métodos escusos são privilégios dessa "casta", tanto quanto defender que a "esquerda" vive de acusar (com razão ou não) quando está na oposição e, uma vez no poder, permanece imune à corrupção. Por essa argumentação frágil, falta ao secretário – e a muitos pesquisadores – o pensamento complexo, teorizado por Morin (2005): a ótica binária limita a compreensão de fenômenos muito mais complexos, porque resultantes de múltiplas ações, interações e retroações.

De qualquer modo, o fato de a "reunião" ser transferida para longe do centro urbano, onde está o problema (a superpopulação de ratos), não impede que essa cortina de fumaça abafe a maior crítica aos organizadores e aos ineficazes seminários. O Chefe das Relações Públicas não poupa o secretário de recordar essa crítica:

> [...] aquela eterna tecla que não cansam de bater, que já estamos no VII Seminário e até agora, nada de objetivo, que a população ratal já se multiplicou sete mil vezes depois do I Seminário, que temos agora cem ratos para cada habitante, que nas favelas não são as Marias mas as ratazanas que andam de lata d'água na cabeça. (Telles, 2018, p.253)

No entanto, como é praxe quando a crítica é recebida com argumentos fortes, busca-se por vezes o contradiscurso, isto é, em vez de negá-la com fatos e provas cabais, opta-se por desmoralizá-la e desviar o debate para outra questão, adotando-se intencionalmente a *mutatio controversie*, uma das artimanhas da dialética erística proposta por Schopenhauer (1997).[3] O jovem, embora mencione a crítica a seu chefe, movido pelo *habitus* do campo não hesita em rir dos críticos e chamar de "bisonhices" tais acusações.

Então, enquanto o Chefe de Relações Públicas continua seu relato para o Secretário do Bem-Estar Público e Privado, há um *plot point*[4] na

---

3   Como vencer um debate sem ter razão em 38 estratagemas (dialética erística), obra póstuma de Schopenhauer, apresenta, com base nos Tópicos de Aristóteles, argumentos "falaciosos" utilizados em discussões com o intuito de persuadir o público, entre os quais estão as premissas falsas, o salto indutivo, a manipulação semântica e a *mutatio controversie* a qual nos referimos.

4   Ponto de virada que inicia efetivamente o conflito na narrativa (no caso, o rumo perturbador que, como veremos, é produzido pelos ratos, objeto e tema do seminário).

narrativa, uma mudança na progressão da história que instaura definitivamente o conflito na trama: um barulho esquisito, que parece subir do fundo da terra e depois para o teto, invade a sala onde os dois conversam. O secretário, único a registrar a anormalidade, aventa a hipótese de alguém ter instalado um gravador para flagrá-los em conluio; aposta que possa ter sido o delegado americano, em quem ele não confia e inclusive se manifestara contra a indicação dele como partícipe do seminário.

O barulho logo desaparece, e os dois personagens passam a dialogar sobre a estratégia que os levou a manter a imprensa a distância, o que, para o secretário, talvez fosse um erro. O jovem subordinado discorda:

> – Vossa Excelência vai me perdoar, mas penso que a cúpula se valoriza ficando assim inacessível. Aliás, é sabido que uma certa distância, um certo mistério excita mais do que o contato diário com os meios de comunicação. Nossa única fonte vai soltando notícias discretas, influindo sem alarde até o encerramento, quando abriremos as baterias! Não é uma boa tática? (Telles, 2018, p.255)

O secretário apoia essa ideia, dá os parabéns ao jovem e conclui que esse é mesmo o objetivo deles: "influenciar no começo e no fim todos os meios de comunicação do país" (ibidem, p.255). Esse conjunto de táticas (a realização do evento numa casa de campo, as informações passadas aos poucos para a imprensa etc.) nos remete à espetacularização que se vê nas comunidades científicas, a qual Agamben (2007) se refere em sua obra *Profanações*, até porque, uma vez inserida nas lógicas de produção e nas práticas de consumo no presente estágio do capitalismo, a ciência não tem como se manter à parte, sem midiatizar não apenas as suas descobertas, mas, sobretudo, os seus dispositivos de pesquisa.

A propósito, Castiel e Sanz-Valero (2007) discutem os artigos científicos publicados em revistas acadêmicas (isso vale também para os textos apresentados em congressos) como um tipo de mercadoria que causa fetiche por um lado e, por outro, assegura a sobrevivência dos pesquisadores. Os autores apontam a excessiva quantidade de produção acadêmica, os discutíveis padrões de indexadores, a insuficiência dos estudos bibliométricos, entre outras questões. Convém não esquecer que os encontros acadêmicos são, dentro das forças do campo científico, território de consagração dos estudiosos mais experimentados e pórtico para os jovens pesquisadores tanto apresentarem as primeiras investigações, bem como participarem (ainda que não plenamente) das disputas do campo, visando a sua legitimação.

De volta ao conto, o secretário diz ao interlocutor que ouve o barulho novamente, talvez por possuir uma audição especial. Aproveita, assim, para rememorar a sua trajetória "política":

> Quando fiz a Revolução de 32 e depois, no Golpe de 64, era sempre o primeiro do grupo a pressentir qualquer anormalidade. O primeiro! Lembro que uma noite avisei meus companheiros. O inimigo está aqui com a gente, e eles riram. Bobagem, você bebeu demais, tínhamos tomado no jantar um vinho delicioso. Pois quando saímos para dormir, estávamos cercados. (Telles, 2018, p.256)

Cabe bem aqui é a definição de "ilusão biográfica", concebida por Bourdieu (2001), não apenas nas palavras dos personagens, mas também levada adiante pelo *homo academicus*, cujas informações profissionais inseridas na plataforma Lattes dão sentido à narrativa pessoal. O secretário deixa claro, com orgulho, que participou da Revolução de 1932 e do Golpe de 1964 – uma ironia do "narrador" da história dirigida aos direitistas, embora, vale lembrar, a corrupção administrativa seja sistêmica, suprapartidária e contamine também os representantes dos espectros políticos de centro e de esquerda. O Secretário do Bem-Estar Público e Privado acusa explicitamente os jornalistas de screm sempre de esquerda, chama-os de subversivos, bastardos e, por fim, de ratos. Sua posição política – e a de seu subordinado – é ratificada por outros dêiticos da diegese. Um deles merece especial menção: o jovem informa que, para agradar os congressistas, preferiu encomendar vinho chileno, não obstante a qualidade da produção nacional. O secretário pergunta de que safra é o vinho. O outro responde: "De Pinochet, naturalmente".

O estranho barulho então se faz ouvir de novo, agora bem mais forte, "fortíssimo". Dessa vez, o Chefe de Relações Públicas também o percebe não pela escuta atenta, mas pela tremulação do assoalho, como se estivesse sobre um vulcão prestes a irromper. Apressa-se, corre até a porta e avisa ao secretário que vai verificar imediatamente o que está sucedendo.

A história, a partir daí, segue uma linha vertiginosa até o desfecho: o jovem é questionado pela secretária que acompanha o delegado americano e pelo Diretor das Classes Conservadoras Armadas e Desarmadas, ambos intrigados com o barulho. Tenta acalmá-los, mas descobre que os telefones da casa pararam de funcionar.

Para ampliar a tensão, o Cozinheiro-Chefe irrompe histérico – as lagostas, as galinhas, toda a comida preparada para os congressistas foi devorada pelos ratos. Relata, então, ao Chefe de Relações Públicas que, enquanto preparava o jantar, percebeu de súbito os tremores e, em seguida, viu entrarem pela janela centenas de roedores guinchando. Invadiram a cozinha e comiam tudo que encontravam. O Cozinheiro-Chefe diz ter se defrontado com um deles e vocifera com espanto: "ficou de pé na pata traseira e me enfrentou feito homem. Pela alma de minha mãe, doutor, me representou um homem vestido de rato!" (Telles, 2018, p.259).

Podemos assegurar que essa descrição, "um homem vestido de rato", constitui um detalhe expressivo, de forte percepção visual – artifício de que se valem os escritores de linhagem realista, segundo James Wood (2011), para dar verossimilhança à narrativa. O que não deixa de ser uma forma de nivelar o comportamento dos homens ao dos ratos, tanto quanto o dos ratos ao dos homens.

Desobedecendo ao Chefe das Relações Públicas, que lhe ordena fazer a comida com os víveres que restaram, o Cozinheiro-Chefe e os demais empregados fogem pelo mato a pé, pois nenhum carro estacionado ali funciona (os ratos comeram os fios dos motores).

O final, trágico, é protagonizado pelo Chefe das Relações Públicas. Chamado aos gritos no andar superior, ele mal pode se mover: observa o chinelo (do Secretário do Bem-Estar Público e Privado) deslizando pelo chão, obviamente carregado por um *rattus alexandrinus*. As luzes do casarão se apagam. E, ao sentir a primeira dentada, sentindo-se atacado pelos roedores famintos, procura desesperadamente um esconderijo até conseguir se fechar na geladeira.

A propalada cúpula, portanto, não acontecerá concretamente. Numa atmosfera de terror, a história termina com os participantes do seminário dizimados pelos ratos. O que nos obriga a pensar naqueles eventos que se realizaram de fato, mas que, sem trazer nada de novo em termos científicos, no fundo também não existiram. Em outras palavras, se nesses "diálogos" científicos não se apurou avanço algum, pode-se dizer que não são espaços vivos, mas pedras tumulares de velhos conhecimentos. Ao contrário do conto "O congresso", de Jorge Luis Borges (2009) – no qual um grupo de pessoas decide promover o "congresso do mundo" e, por fim, descobrem, como por epifania, que o empreendimento é vão, pois "começou com o primeiro instante do mundo e prosseguirá quando formos pó" (Borges, 2009, p.40) –, existem encontros acadêmicos que, embora realizados, não estão em lugar nenhum da realidade, senão no currículo Lattes de seus participantes – espaço público, aberto para a aferição bancária da produção dos cientistas.

Malgrado seus critérios nem sempre qualitativos, um *ranking* de eventos, como já se faz com o Qualis Capes dos periódicos (classificação não isenta de falhas), poderia ser um mecanismo de avaliação a favor do avanço da ciência, zelando pela aplicação produtiva dos recursos que o Estado destina às reuniões acadêmicas. Isso porque raramente é aferida *a posteriori* a relevância da produção apresentada nas cúpulas acadêmicas, embora haja algumas nas quais o número de *papers* aprovados ultrapassa a casa dos trezentos, quatrocentos, às vezes quinhentos. As cúpulas internacionais, que congregam investigadores de várias partes do mundo, por vezes perfazem número ainda maior,[5] para além de mil *papers*. Em teoria, há uma seleção criteriosa de textos, com aprovação condicionada à premência do estudo apresentado; prevalece, no entanto, o quesito de reunir pesquisas de distintas regiões do mundo para não tornar o evento uma reunião de pesquisadores de uma só área geográfica. Essa condição resulta na eliminação de estudos similares (ainda que expressivos) e na concorrência de propostas de um mesmo continente, já que a origem do texto também se torna um critério de seleção.

---

5 – Como exemplo, foram aprovados 1.450 textos (entre artigos e painéis) para apresentação no IAMCR da edição de 2018. Conferir no site do evento: http://www2.espm.br/comunicon-2018/premio-comunicon. Acesso em 19/02/2020.

Em alguns congressos, há premiação para os trabalhos mais originais, como é o caso do Prêmio Comunicon,[6] mas pesquisas seguem um tempo mediato para assentarem seu valor e se disseminarem pelas veias e artérias do conhecimento, consolidando-se como inovações e se tornando referências mobilizadas em estudos subsequentes, inspirando-os ou gerando tensionamentos – a ciência ganha não apenas com a sedimentação de teorias e métodos, mas com as novas camadas de saber, ou aquelas ainda em pendão, que a essa estabilidade se contrapõem. É com o entrelaçamento, em parte estável, em parte volátil, das ideias e do posicionamento acadêmico dos estudiosos que as "certezas" científicas se alargam, ganham o cotidiano da sociedade, sob pena de seus articuladores, à semelhança do seminário do conto de Telles (2018), estarem isolados em uma casa de campo, distante do universo social, em busca de resoluções que, mesmo não sendo devaneios, não seguem estritamente os cuidados que comprovam a eficácia dos métodos.

No conto, não há espaço para conhecermos, de fato, a dinâmica do debate, mas, embora ausente no enredo (por conta obviamente da potência alegórica do desfecho que caracteriza a diegese), é essencial lembrarmos o tempo exíguo das seções dos Grupos de Trabalhos (GT) nos congressos, sobretudo os grandiosos, restrito a no máximo duas horas, reservando de dez a quinze minutos para cada apresentação. O pesquisador viaja, às vezes, para outro continente, com recursos públicos (quando não completado pela instituição que representa ou pelo próprio bolso), para uma participação burocrática, efêmera, estéril.

O autor deste texto, por exemplo, já participou de diversas edições da International Association for Media and Communication Research (IAMCR) na França, Suécia e África do Sul, assim como de outros eventos internacionais – como a European Communication Research and Education Association (Ecrea) na Alemanha), Federación

---

6   Prêmio instituído pelo Programa de Pós-Graduação Stricto Sensu em Comunicação e Práticas de Consumo (PPGCOM) da Escola Superior de Propaganda e Marketing (ESPM), de São Paulo, e concedido aos melhores artigos apresentados nas categorias de doutor, doutorando, mestre e mestrando a cada edição do Comunicon – Congresso Internacional de Comunicação e Consumo.

Latinoamericana de Facultades de Comunicación Social (Felafacs), no Peru, Asociación Latinoamericana de Estudios del Discurso (Aled), no Chile; Congresso Ibero-Americano de Comunicação (Ibercom), na Espanha e no Brasil; na Federação Lusófona de Associações de Ciências da Comunicação (Lusocon), em Portugal e na Espanha –, e em poucas ocasiões sentiu que o intercâmbio de saberes com seus pares estrangeiros gerou o desejo de "profanar", de contrapor, de produzir novas provas, de rever os pressupostos teóricos por causa de uma crítica bem aplicada à sua "comunicação". Também já esteve na organização e foi responsável pela coordenação geral dos GT de vários congressos, fez palestras como convidado de abertura e encerramento de eventos de largo espectro, e sente que é imperioso discutir as formas que modelam os debates e as trocas de conhecimento entre pesquisadores, para que sejam fecundos. Faz-se muito barulho para promover um congresso, como os ratos no início do conto, mas um enorme silêncio se segue à sua realização.

A propósito, Verón (1977), ao considerar o discurso científico como um corpo de signos, aponta três possíveis formas de abordá-los: 1) a sintática estuda as relações dos signos em si; 2) a semântica analisa as relações dos signos com o que representam e 3) a pragmática, voltada para as relações dos signos com quem os emite e os recebe. E faz um diagnóstico preciso e ainda atual sobre os problemas, como

> [...] a objetividade das ciências sociais, o papel (positivo ou negativo) dos juízos de valor, as relações entre a ciência e a ideologia e outros semelhantes que têm sido discutidos do ponto de vista sintático (lógico) e/ou semântico (epistemológico e metodológico), mas na verdade, somente podem ser formulados de forma completa no nível da pragmática da ciência. Nenhuma formulação de tais problemas pode ser adequada se não se levam em contas estes três níveis de análise da atividade. científica. (Verón, 1977, p.169-170)

Do mesmo modo, falta pensarmos e debatermos sobre a instância pragmática do sistema de signos que constituem um congresso. Não por acaso, Maldonado (2006, p.273) nos alerta que "não é pertinente, nem justificado formular projetos que não contribuam para melhorar as sociedades pelas quais são sustentados".

EM SUMA, NEM DEUSES, NEM RATOS: HOMENS

Retomemos a narrativa: depois de um tempo, o Chefe das Relações Públicas, único sobrevivente na casa de campo tomada pelos roedores, sai da geladeira e se vê sozinho na cozinha deserta. Anda no escuro pelos outros cômodos vazios, ciente de que o chão, os móveis e as cortinas foram devorados. Ouviu "um murmurejo secreto, rascante, que parece vir da Sala dos Debates e teve a intuição de que estavam todos reunidos ali, de portas fechadas" (Telles, 2018, p. 261). O seminário "sobre" os ratos se tornou verdadeiramente um seminário "dos" ratos, que, em suma, conquistaram inteiramente o lugar e se encontram como numa sessão de GT dos congressos acadêmicos. Em fuga, há quilômetros de da casa e já salvo dos ataques dos bichos, o Chefe das Relações Públicas avista, com espanto, o casarão todo iluminado.

Podemos dizer que essa cena derradeira delineia uma imagem pregnante ou, na definição de Walnice Nogueira Galvão (2018, p. 736) "um concentrado ou condensado de sentido, uma síntese extremada de tudo o que o conto insinua. De tal modo que, quando aparece, traz consigo um senso de revelação, iluminando em rastilho toda a narrativa", um elemento narrativo com o qual Lygia Fagundes Telles comumente estrutura seus contos. A imagem pregnante, nesse caso, é metafórica e recorrente na nossa cultura, além de facilmente discernível: ela materializa os ratos, quer dizer, os homens vis e corruptos, confabulando novas formas de privilégios e de manutenção de poderes espúrios. A casa tomada pelos roedores nos leva a pensar também nos objetos de pesquisa em comunicação que – por ser um campo multidisciplinar, interdisciplinar, transdisciplinar e, por vezes, até contradisciplinar – oprimem, abatem e devoram os próprios pesquisadores.

Vale repetir que o Estado destina verbas para a pesquisa científica no país por meio de várias instâncias e que parte dessas verbas é voltada para a viabilização de congressos acadêmicos. Relatórios são feitos, posteriormente, às agências de fomento que "financiaram" parte dos eventos, mas se apoiam em grandezas numéricas e raramente trazem dados sobre a "qualidade" dos debates, os possíveis progressos que alcançaram em termos de novas teorias e metodologias. Não por acaso, no conto de Lygia

Fagundes Telles (2018), é uma esfera oficial do governo que promove o seminário dos ratos, desde a primeira até a sétima (e última) edição.

O deslocamento da sede do evento para uma casa de campo plasma o hábito de eventos serem realizados em cidades aprazáveis, nas quais os pesquisadores podem "fazer turismo" nas horas vagas. Em algumas cúpulas, há na própria programação "pacotes" que incluem visitações a museus, passeios noturnos, *city tour*, jantares típicos.[7] É, sem dúvida, uma "lei fundamental" das reuniões científicas, ou *nomo*, na definição de Bourdieu (1996), que o lugar escolhido ofereça atrativos aos participantes para além das atividades específicas desses encontros.

Assim como no caso das revistas científicas, em que proliferam as chamadas "publicações predadoras"[8], nas quais não há avaliação rigorosa dos pares e, por isso, servem para engordar currículos acadêmicos, é urgente voltarmos a atenção para congressos que, embora não sejam pseudocientíficos, são efetivamente de pouco valia para o progresso da ciência.

Não devemos, como sublinhou o Secretário do Bem-Estar Público e Privado da história, evocar apenas o lado positivo dos eventos acadêmicos, que, pela condescendência e cumplicidade dos participantes, oculta as mazelas da comunidade científica. É preciso ponderarmos, discutindo abertamente no campo da comunicação, o lado negativo das pequenas e grandes reuniões de pesquisadores que pautam o nosso calendário.

A poeta portuguesa Sophia de Mello Breyner Andresen (2018, p.365) nos alerta: "Aquele que vê o espantoso esplendor do mundo é logicamente levado a ver o espantoso sofrimento do mundo. Aquele que vê o fenómeno quer ver todo o fenómeno". O conto de Lygia Fagundes Telles nos leva, pela presente retextualização, a mostrar os nossos chinelos. É preciso profanar a sacra razão da ciência, lembrando que ela não é feita nem por deuses, nem por ratos, mas por homens.

---

7 Os exemplos estão nos sites dos próprios congressos, cujas informações em geral se encontram na parte de serviços opcionais. Na edição da IAMCR de 2019, realizada em Madrid, oferecia-se aos congressistas jantar no Museu da Moda com show de dança flamenca. Cf. https://iamcr.org/madrid2019/social-event-conference.

8 Recebemos (e temos arquivados, como provas) e-mails de periódicos e editoras acadêmicas oferecendo a publicação de artigos em dossiês e antologias mediante pagamento da preparação e diagramação do nosso texto.

9

Operação Flipinha[*]

Encontro do sonhador e do cientista em terra firme

NO PRINCÍPIO, OS MEUS PRINCÍPIOS

Durante os últimos dois anos, como coordenador do Grupo de Pesquisa Comunicação, Consumo e Arte, vinculado ao Programa de Pós-Graduação em Comunicação e Práticas de Consumo da Escola Superior de Propaganda e Marketing (ESPM), coordenei os trabalhos da pesquisa "A Festa Literária Internacional de Paraty: comunicação, consumo e contra-hegemonia", com o objetivo de investigar aspectos relacionados ao consumo material e simbólico desse evento e possíveis interfaces com os fenômenos comunicacionais, afastando, por não ser o nosso escopo, suas conexões com os estudos literários.

Propus aos membros do grupo, diante do material bruto pesquisado e de toda a discussão gerada ao longo do biênio, o desafio de produzir individualmente ou em duplas um artigo que abordasse algum tópico relevante que envolvesse a Flip e o foco do nosso coletivo acadêmico: os imbricamentos entre a comunicação e o consumo nas artes em geral.

Cabendo-me também a escrita de um texto, vi-me, antes de iniciá-lo, diante de um "problema" como autor-pesquisador, uma vez que estive presente, na qualidade de escritor convidado, em três edições da "festa".

* Orginalmente publicado na revista *Debates Insubmissos*, Caruaru, v. 4, n. 13, maio--ago. 2021, p.1-19.

Em 2012, quando do lançamento de meu livro de contos *Aquela água toda*, participei, na tenda principal, da mesa "Em família", ao lado da escritora portuguesa Dulce Maria Cardoso e do jornalista Zuenir Ventura; em 2015, estive envolvido em atividades na Flipzona, programação da Flip exclusiva para o público juvenil, e na Operação Flipinha, voltada às crianças leitoras; e, por fim, em 2018, participei de uma mesa da Flip+, espaço expandido do evento principal com ênfase em temas específicos.

A singularidade das vivências que experimentei nas três oportunidades me levaram a descartar de imediato a produção de um artigo "convencional", embora fosse (e continua sendo) meu dever (como estudioso) produzir material nesse "estilo". Então, qual tipo de "texto" elaborar, se os procedimentos metodológicos na ciência são determinantes? Se negam a irracionalidade e garantem a autoridade dos resultados? E se, contudo, indispensam o sensório do investigador, não obstante a ditadura da objetividade científica?

Lembrei-me de um texto de Marin (2006, p.66), cujo posicionamento é consenso entre cientistas: "cada problemática demanda observações e caminhos diferentes de pesquisa, portanto, exige construções de procedimentos para além dos modelos pré-existentes". Lembrei-me também de Marques (2019, p.4), quando afirmou que a "ciência não é dogma, é diminuição de incerteza". Lembrei-me dos riscos que eu havia corrido antes, ao publicar os "extratos líricos" condensados no "artigo" "Suíte acadêmica: apontamentos poéticos para elaboração de projetos de pesquisa em Comunicação" (2016) e da "anomia" que seu efeito causou entre meus pares. Impostura acadêmica? Bazófia provocativa? Desmoralização da produção publicada numa revista Qualis A2? A tese de Aguiar (2017) e o artigo de Vinci (2018) sobre a "suíte", entre outras peças a favor de minha "atitude", motivaram-me a não desistir do caminho que meu "objeto" então pedia e renunciar à via imposta pelo padrão oficial, uma vez que não há unicamente *o* método, mas os métodos.

Lembrei-me de antes desse antes, na época em que apresentei três artigos com Christiane Santarelli em congressos internacionais (IAMCR, Paris, 2008; Lusocom, Lisboa, 2009 e Ecrea, Hamburgo, 2010), depois publicados no livro *Tramas publicitárias* (Figura 9.1). Esses textos, inspirados no romance ilustrado de Umberto Eco, *A misteriosa chama da rainha Loana*, recriavam, por meio de narrativas ficcionais, o espaço histórico de momentos transformadores da publicidade, como (1) a emergência de seu discurso na Belle Époque francesa, (2) o aprimoramento de suas estratégias e táticas pela propaganda nazista e (3) a liquidez das ações de guerrilha publicitária com o advento da internet.

Figura 9.1 – Capa do livro *Tramas publicitárias*

FONTE: ARQUIVO DO AUTOR

Lembrei-me de uns versos do poema *O artista inconfessável*, de Joao Cabral de Melo Neto (1975, p.30): "Fazer o que seja é inútil. / Não fazer nada é inútil. / Mas entre fazer e não fazer / mais vale o inútil do fazer".

Lembrei-me, por fim, de anotações feitas durante minha segunda participação na Flip, em 2015, especialmente sobre certas cenas que haviam se imantado em meus olhos na Operação Flipinha. Então, compreendi que era um dever-devir partilhá-las, já que é próprio da ciência disseminar as evidências persuasivas de suas provas.

Assim, "pensando relacionalmente", como propôs Bourdieu (1998) para superar a automatização do *habitus científico*, e com os pés fincados nos princípios que regem minha vida como pesquisador e escritor – o mundo da matéria é inseparável do mundo do sensível –, defini a maneira de relatar-fabular-discutir o assunto. Ou seja, o meu jeito de fazer este texto, apoiando-me em outros versos do mesmo poema de João Cabral (1975, p.30): "fazer: porque ele é mais difícil / do que não fazer".

AINDA FAZ ESCURO: *E LA NAVE VA*

Em dezembro de 2014, recebi oficialmente o convite da organização da Flip para participar da Flipzona e da Flipinha em julho de 2015, e é sobre essa última, como acenei, que vou centrar meu "relato".

Na sequência, recebi mensagem da escritora Anna Claudia Ramos, uma das profissionais contratadas pelo evento para produzir o material didático que seria distribuído às crianças do ensino fundamental das escolas de Paraty, no início das aulas em 2015, junto de obras dos autores convidados com os quais os alunos se encontrariam durante a realização do evento.

Na ocasião, Anna Claudia me pediu a relação de minhas obras "infantis", sem que soubéssemos qual delas seria escolhida para ser entregue às crianças e, menos ainda, que tipo de atividade dialógica elas elaborariam sob o comando dos professores para a nossa interação.

Uma das críticas recorrentes nos artigos que lemos sobre a Flip nas reuniões mensais do grupo de pesquisa, e com as quais concordávamos, era o caráter "invasivo" da Flip em Paraty: na "grande tenda" se desdobrava uma programação voltada unicamente para o público externo, que para lá se deslocava sem compromisso com o patrimônio histórico da cidade. À população local, incapaz de pagar o preço dos ingressos, nada era oferecido senão o esquecimento. A instalação na rua de telões que reproduziam os eventos do palco da grande tenda, embora louvável, jamais diminuiria o abismo entre os habitantes de uma das cidades mais violentas do estado do Rio de Janeiro e os escritores convidados (brasileiros e estrangeiros) que abandonavam seus gabinetes para serem ouvidos num espaço confortável por centenas de pessoas vindas de todos os canto do país. Outras ressalvas: a predominância de autores publicados por uma única e grande editora, a cobertura "espetacular" da Rede Globo, o silêncio em relação às temáticas das minorias, o culto aos troféus do campo literário (Bourdieu, 1996).

Por outro lado, se havia (e continua havendo) no âmbito da Flipinha atividades para crianças levadas à cidade pelos pais "forasteiros" – a plateia principal do evento é mesmo exógena –, pude comprovar que há também um trabalho de formação de leitores junto à comunidade de Paraty, quando recebi esse material didático produzido para os alunos do ensino fundamental e, sobretudo, quando visitei a Escola Municipal Domingos Gonçalves de Abreu em julho daquele ano e me surpreendi com a "arte" que os estudantes haviam feito a partir do meu livro *Prendedor de sonhos*.

Difícil não antecipar lampejos ou "lembranças do porvir", como nomeou Elena Garro (2018), mas, tal qual o sonhador de Fernando Pessoa (2001, p.165), que finge a dor que deveras sente – todo sonho é poesia –, vivo como escritor do ir-e-vir do passado ao presente, e desse àquele. O baralho da memória às vezes distribui cartas erradas, como se a redução da incerteza pudesse nos garantir o alcance da certeza.

Pois retomemos a ordem dos fatos, como se as palavras comandadas pela sintaxe não alterassem as múltiplas combinações do resultado. Estamos em Paraty, no primeiro dia de julho de 2015. Amanhã visitarei a Escola Municipal Domingos Gonçalves de Abreu. Mas, diferentemente de outros escritores, como Luiz Ruffato – com quem dividi horas atrás a mesa "A origem das histórias", inserida na programação da Flipzona –, que conversará com alunos de uma escola no centro de Paraty, recebo a notícia de que a "minha" escola está situada fora da cidade, precisamente no Saco do Mamanguá, espécie de fiorde tropical, acessível apenas de barco. E outra informação mais surpreendente ainda: "vamos" partir do cais – pois haveria uma comitiva me acompanhando! – às cinco e meia da manhã.

Eis que estamos já nesse outro dia. Apanham-me na pousada às cinco e pouco e me conduzem até o ancoradouro. Juliana, minha mulher, dorme. Não sabemos ainda que ela está grávida de Maria Flor – só saberemos semanas à frente. A noite avança e, em breve, vai se ajoelhar aos pés do sol, para que um novo dia reine. Observo ao longe a Igreja de Santa Rita iluminada. Em solidão, ela segue sagrada na paisagem, ao menos nessa hora, antes que o vozerio dos turistas profane (logo cedo) sua paz. Dezenas de embarcações estão atracadas, ondulando levemente no escuro – só há uma escuna, no fim do cais, com as luzes acesas e umas pessoas à sua beira. Sei que é nela que vou navegar. Sinto às minhas costas a vibração que povoou a cidade até horas atrás – a festa dos boêmios, dos amantes da literatura e também dos indiferentes (que aqui vieram por outros motivos).

Na janela (página branca) dessa outra janela – o editor de texto Word do Windows – me vejo como um observador alheio ou me revejo numa curva do tempo dobrável unicamente graças à evocação que a palavra, de mãos dadas com a memória (ainda que falha), nos permite. Naquela madrugada, eis que sou o sonhador. Nesse instante, o cientista. Uns versos de Nicanor Parra (2018, p.90), com a sua antipoesia (que se alinha à antiode de João Cabral), lembram-me de que a arte e a ciência são dois braços de um mesmo corpo:

> Contra a poesia das nuvens
> Nós opomos
> A poesia da terra firme
> – Cabeça fria, coração quente
> Somos terrafirmistas convictos –

Einstein, para chegar à relatividade, andava nas nuvens ou em solo sólido? Conrad, para atingir o coração das trevas, não se valeu de uma estratégia náutica?

Fourez (1995, p.39) afirma que "observar é estruturar um modelo teórico". Conforme avanço no cais, observo um homem em destaque entre as pessoas que me aguardam junto da escuna. Ainda que não se mova, noto que está pronto para me acolher com um abraço. Seria o comandante? De certa forma, sim, logo descobrirei. Volnei Canônica, do Instituto Cultural C&A de Desenvolvimento Social (programa Prazer em Ler). Ele não conduzirá o barco, mas, como líder escalado para essa "operação", vai coordenador a nossa viagem. Vai me dar as boas-vindas, apresentar-me a Patricia Lacerda, que atua no mesmo instituto, explicar-me brevemente o nosso itinerário e, quando estivermos navegando, passará a palavra a cada uma das pessoas da comitiva para que se apresentem.

Entro na escuna, cumprimento a todos que me saúdam com sorrisos: somos estranhos, eu penso. Mas daqui a pouco amanheceremos juntos. Como no poema "Morte do leiteiro" de Drummond (1977, p.127), em breve, "por entre os objetos confusos, / mal redimidos da noite", duas cores vão se procurar, suavemente se tocar, amorosamente se enlaçar, "formando um terceiro tom / a que chamamos aurora".

Penso, não naquela hora, mas neste instante (da escrita), que estou na verdade exercendo a *flânerie* como método acadêmico, investigando não mais nas ruas da cidade como o *flâneur* clássico – Baudelaire por Benjamin (1989) –, mas flagrando nas estradas vicinais da memória signos que me guiam "livremente" pelas águas da compreensão. A descoberta se dará no durante dos fatos, a vida definida não como um ponto estelar de início, nem como o ponto-cruz do fim, mas como o intervalo (comprido para uns, breve para outros) entre ambos.

Penso na distância existente entre o estado de poesia vivido e sua recordação. Anos-e-anos-luz. O que nos resta, para arrastar o outro a essa "mesma" experiência, senão reconstruí-la pela linguagem? O vivido já foi vivido, cumpriu sua vez, mas não está morto. O vivido volta como o santo ao altar das tentações.

Âncora recolhida: a escuna, enfim, vai partindo rumo ao Mamanguá.

O PRIMEIRO (E INESPERADO) ENCONTRO

A bordo, duas dezenas de agentes de leitura de várias partes do Brasil, jornalistas, representantes de editoras, curadores de eventos literários, como Tania Rösing da Jornada Literária de Passo Fundo, da qual, a convite dela, participei em 2013. Com exceção dela, é meu primeiro encontro com os demais ali embarcados. E enquanto o microfone passa de mão em mão, cabendo a cada um dizer umas palavras sobre si e seu trabalho, vamos nos saciando diante da exuberante mesa de frutas, sucos, pães, salgados, doces, bebidas quentes e frias que nos prepararam para o café da manhã.

Eis quem somos nessa hora (e nas outras): errantes navegantes sobre a pele da Terra. Não por acaso, os versos de Caetano Veloso sobre o nosso planeta ecoam nos meus ouvidos: "do mar se diz: terra à vista / terra para o pé, firmeza / terra para a mão, carícia".

Uma pausa se faz, não sei se de propósito, para admirarmos a cidade da qual nos distanciamos, ouvindo o motor da escuna que desliza pelo mar; para que as vozes humanas se calem por um momento. A jornalista Tânia Rego se aproxima do tombadilho onde estou e me aborda com algumas perguntas. Linda, depois, a matéria que ela fez a partir dessa "entrevista" e as imagens que captou durante nossa "operação". Como nunca mais a vi, por meio deste texto a agradeço. Ali permanecemos um tempo, distantes dos demais "passageiros, com os rostos respingados de oceano Atlântico.

Todos já se apresentaram. E, como se dominado pelo vaivém das ondas, ciente de que as marés da inexistência podem me afogar a qualquer instante, salto no tempo, daquele lá para o presente aqui, e reafirmo: foi o primeiro encontro. Porque, depois, o segundo se deu entre mim e muitos dos que estavam lá, como se fosse nosso destino uma segunda vez: para nos olharmos, frente a frente, e reconhecermos aquela epifania que "então" se deu.

Volnei Canônica: encontrei-o ainda no final de 2015, quando, na qualidade de diretor do Programa de Livro, Leitura, Literatura e Bibliotecas, do Ministério da Cultura, entregou-me a estatueta do prêmio Jabuti. Patricia Lacerda: três anos depois, na noite em que recebi o prêmio da Fundação Biblioteca Nacional. Bruno Sousa de Araújo e Sidinéia Chagas: dois anos e meio depois, quando estive na Biblioteca de Parelheiros, a convite de Bel Santos (outra maravilha foi conhecê-la inesperadamente em um evento na Cidade do México em 2016, porque, retomando Caetano Veloso "gente é outra alegria / diferente das estrelas"). E a lista dos segundos encontros segue; daí que, para não perder o foco, fecho-a com um *et cetera*.

Pelas fotos de Tânia Rego e as faces que minha memória borra, pude (e posso) me encontrar, sobretudo, embora não fisicamente, com as crianças que, nesse *diário de campo* (de um dia só) *a posteriori*, ainda não apareceram – mas são o motivo de minha escrita. Leitoras das árvores do Mamanguá, de seu nascer do sol, de seus silêncios verdes. Elas quem, no fundo, me trouxeram para essas linhas feitas de tempo e palavras provisórias.

Pergunto-me se estou sendo fiel ao "meu" método e à ciência. Recordo-me da expressão "idiotas da objetividade", concebida por Nelson Rodrigues (2018, p.191-4). Recorro novamente a Marin (2006, p.86) para dizer que o *diário de campo* "é um recurso importante para registrar formas de comunicação que instrumentos tecnológicos nem sempre captam: as emoções, as sensações, os comportamentos kinésicos, e traz para a pesquisa dimensões vitais e, muitas vezes, negadas pelo saber científico".

Continuamos nossa jornada. Conversas se entrecruzam à medida que a escuna avança, sem os lendários argonautas. Somos somente nós, amantes da leitura, do livro, do prazer de ler. Observo-os com a distância de quem conhece os desdobramentos do enredo que vivemos juntos e está contaminado pela gratidão. Ocorre-me uma consideração de Duarte (2016, p.35): "nunca pensamos sozinhos, todo grande *insight* se deve ao alicerce de conhecimento que nos formou e não há copo de cristal com uso que não traga marcas de nossas digitais".

Uma ave marinha atravessa o céu, grasnando. Penso no sonhador e no cientista que convivem em mim. Lembro-me do poema de Baudelaire (2012, p.13) sobre a semelhança do poeta com o albatroz: "Exilado no chão, em meio à turba obscura, / As asas gigantes impedem-no de andar.

Por acaso, e o acaso é uma variável do processo criativo, tão bem explicado por Salles (1998), estou lendo poemas de Yehuda Amichai (2018, p.153) e transporto uns versos dele para cá. Eu, a escuna que lhes tira do ontem fixo e os conduz ao eterno presente (da leitura): "Vê, tivemos mais do que vida, / agora precisamos avaliar tudo / nos sonhos pesados e atiçar / memórias rapinantes no agora".

Terra à vista, o fiorde é nosso. Já vejo o Saco do Mamanguá no horizonte da escrita. Espaço aéreo para liberar outras memórias rapinantes.

VENHAM A NÓS AS CRIANÇAS!

Vamos nos aproximando do pequeno atracadouro. O céu clareou, o dia recém-nascido se abre sem pressa, no ar o denso aroma da maresia. Em nossa frente, um bloco de verde vivo, a mata com suas dobraduras arbóreas. Mas onde a escola? A escola ainda irrevelada, daqui a pouco será descoberta, quando subirmos, em fila, por uma vereda ladeada de pedras e arbustos.

Desembarcamos em pressa. Alguém diz que chegamos antes das crianças.

Uma "sorte", já que do cais podemos observar os pequenos barcos que se acercam, trazendo-as para nós. Ficamos ali, assistindo à aproximação delas para lhes dar boas-vindas, nós – que adentramos no santuário delas sem pedir permissão.

Assim, poderemos vê-las também em terra, desembarcando e correndo ansiosas por aquele trecho de mundo em nossa direção (Figura 9.2). Descontraídas umas, intimidadas outras. Estudando-nos face a face ou a distância. Um inesperado pré-teste, interação informal e sincera, descumprindo (para a nossa surpresa e alegria) o protocolo.

Figura 9.2 – Chegada dos alunos da Escola Municipal Domingos Gonçalves de Abreu

FONTE: ACERVO DO AUTOR

Caminhamos juntos, a comitiva da Operação Flipinha e as crianças, e, pela vereda, alcançamos a escola, oculta na mata, finalmente desenglobada para nossos olhos. Pequenos cartazes sobre meu livro *Prendedor de sonhos* pendem em uma de suas paredes, junto de uma faixa da prefeitura de Paraty. Lá dentro, os professores nos esperam. Aqui fora, os alunos se acomodam no chão, dispersam-se, donos de seus movimentos, como se não fosse (ao menos para mim) um dia raro, flor nascida da planta espinhosa da rotina (Figura 9.3).

Figura 9.3 – Escola Municipal Domingos Gonçalves de Abreu, Saco do Mamanguá

FONTE: ACERVO DO AUTOR

Penso na "técnica" de observação participativa. Não a empreguei nesse momento. Não imaginava que viveria esse acontecimento. Então penso agora: o que faço não é senão uma "evocação" participativa! De novo, a minha lente de pesquisador focaliza o sonhador que eu era naquele momento.

Entramos na escola. Uma professora nos informa que, como um dia letivo normal, os alunos tomam o café da manhã antes da aula – aliás, já fazem fila diante da cozinha.

Enquanto acalmam a fome, ela nos convida a conhecer a escola ou, na verdade, a "única" sala de aula, cujas cadeiras foram afastadas para os cantos, deixando a área central livre para nossa conversa.

Os agentes de leitura da comitiva, acostumados a atuar nessas condições, nada dizem, apenas miram-remiram. Mas eu sei o que sentem, sei que estão ali porque sonham com um país leitor, com a utópica justiça social, com um mundo menos desigual.

A professora nos mostra, num canto da sala, a pequena prateleira com livros – a "biblioteca" da escola. Folheio essas poucas obras, devolvo-as. Dali mesmo, vejo pela janela crianças brincando do lado de fora, retardatárias, interessadas em saciar outra fome (Figura 9.4).

Figura 9.4 – Vista de uma janela da Escola Municipal Domingos Gonçalves de Abreu

FONTE: ACERVO DO AUTOR

Em seguida, conhecemos as "demais" áreas da escola. Estamos isolados naquele bolsão de natureza. Distantes das ruas do centro histórico de Paraty enformigadas de gente, da horda de visitantes, dos escritores estrangeiros (como Beatriz Sarlo, Leonardo Padura, Ngũgĩ wa Thiong'o) que vão se apresentar na Flip e ainda devem estar dormindo. Estranhamente me recordo da vez em que estive na tenda principal da festa, no palco diante de mais de duas mil pessoas. Distintas formas de solidão em meio às pessoas.

Os alunos se sentam, comandados pela própria intuição. Os adultos vão se posicionando ao redor deles como plateia, a maior parte em pé, formando involuntariamente um cinturão de proteção (como que para garantir o nosso encontro). A "cerimônia", enfim, vai começar.

Volnei Canônica toma a palavra, explica os motivos do encontro, apresenta coletivamente os agentes de leitura que vieram de várias regiões do Brasil, busca com sensibilidade retirar do momento o peso de ação oficial da Flipinha. Ação, contudo, que está no seu durante, pois começou em janeiro daquele 2015. Por último, aponta para mim, o autor das obras que elas, as crianças, leram, e por meio do qual fizeram uma intervenção – ali viemos para vê-la.

Os alunos me olham e sorriem, alguns já me conhecem pela foto dos livros. Mesmo assim, parece que sou uma imagem virgem, não param de buscar em mim algum mistério. Tenho certeza de que um e outro, mais afoito, gostaria de me tocar, pois, é inegável, não acreditam que eu seja eu mesmo. Mal sabem que experimento igual sensação: será que, passeando o olhar pelo rosto deles, estou na esfera do sonho ou da vigília?

Figura 9.5 – Zé Traquitana, personagem do livro *Prendedor de sonhos*, ilustrado por Juliana Bollini

Volnei entrega a palavra a uma das professoras. Vamos conhecer o outro lado de nossa história. Ela explica em detalhes que, embora tenham lido obras minhas, concentraram-se no livro *Prendedor de sonhos.* Talvez porque nessa história há um inventor, o Zé Traquitana (Figura 9.5), que resolve os problemas das pessoas com suas criações, como o localizador de guarda-chuvas, o decifrador de pum, a máquina de fazer lição de casa.

A professora lê algumas poesias escritas pelos alunos a partir da história, apresenta os desenhos feito a partir dos poemas; os papeis correm de mão em mão. Como são duas ou três dezenas de "artes", saboreamos devagar, cruzando olhares, sorrisos, comentários cúmplices em voz baixa. A vida é mesmo aos poucos. Num único gole se perde os nuanças da alegria. E também os da dor.

SOLTANDO OS SONHOS

Depois de uma hora ali, apreciando aqueles textos e desenhos, sobrevém o momento mágico: a professora sinaliza e dois alunos retiram de um esconderijo a "máquina de fazer sonhos", tal qual na minha história. Avisa-nos que, semanas atrás, o sonho de cada criança foi depositado na máquina – e agora serão desvelados.

Duas estudantes, as mais "velhas, vão se revezando na prerrogativa de tirar os "sonhos" de dentro da máquina e anunciar seu conteúdo e seu sonhador. O primeiro sonho revelado, de um menino, é ser pescador. Na certa, como o próprio pai, o avô, a população autóctone. Penso, enquanto rememoro essa cena, em Lévi-Strauss (2005) e sua definição de bricolagem – o homem se valendo dos elementos de sua terra, do que tem à mão, para inventar artefatos distintos de outras culturas. Naquele momento, contudo, eu só ouvia atento a voz das meninas divulgando, um a um, os sonhos dos alunos daquela escola, do Saco do Mamanguá.

Outro menino sonha em caçar um tigre. A professora comenta que ainda existem tigres na mata das redondezas. Mogli e Shere Kahn. Pi Patel e Richard Parker. Uma menina sonha em ser *top model.* Kellner e a cultura da mídia me vêm à mente; Canclini (1995) também, pois consumindo (imagens, discursos, narrativas), vamos nos tornando cidadãos.

E todo um corolário de prós e contras que discutimos, durante os dois anos em que estudamos a Flip. O objeto de pesquisa (teórico e empírico) não nos abandona (como a infância que tivemos).

A cada anúncio, palmas para o sonhador, que, entre constrangido e feliz, identificava-se para os demais. Todos escondidos no sorriso dos lábios e na simplicidade das roupas. Observo essas crianças: bonito vê-las confirmando silenciosamente seus sonhos. Bonito porque sentia a beleza de quem observava com paixão. Porque era a vida que, pelos meus sentidos, apontava a beleza delas para mim. Porque a vida usava os meus olhos para ver beleza naquelas crianças. No silêncio daquela mata, vi a fome de ser criança e crescer – mesmo pressentindo que crescer é justamente deixar de ser criança.

Por fim, chegou a vez de me manifestar. Na verdade, só me ocorreu agradecer. Agradecer e segredar também qual o meu sonho: poder sentir (sempre!) o que eu sentira ali. Por eles. Pelo nosso encontro.

O que importa, depois: nossas conversas sobre livros, histórias, alegrias advindas das palavras. Respondi perguntas. Patricia Lacerda contou experiências comoventes que viveu com crianças de comunidades cariocas. Deixamos que a dispersão se desse com naturalidade, um encontro sem ponto final burocrático. Inacabado como toda pesquisa, como pontua Marin (2006) em relação à ciência e Salles (1998) a respeito das artes. Crianças se espalhando lá fora, como os brinquedos de Maria Flor (já com seus três anos hoje) na sala de casa, pequenos grupos da comitiva trocando vivências, cada um de nós no domínio de sua miúda existência. Mas, antes, uma foto de todos os presentes: uma lembrança para o álbum das ausências.

Ausências que, no entanto, se esfumam nos contornos imprecisos, mas possíveis da escrita, ainda que lavada pela ideologia de quem a produz. Ocorre-me a posição de Orlandi (2005): somos discursos atravessados por outros discursos. E talvez seja esse nosso único poder, a motivação pela qual escrevemos, como tão bem disse Magris (2015), "para lutar contra o esquecimento, no desejo – talvez patético, mas apaixonado – de parar, para salvar as coisas e, acima de tudo, salvar os rostos que amamos da erosão do tempo, da morte".

PALAVRAS FINAIS: O SILÊNCIO DA VOLTA

Não há conclusão. Nem daquela-essa viagem, já que a ela retorna-mos, como o albatroz à terra, com o presente "relato". Nem o próprio se fecha a um concluir. Vinci (2018, p.270) nos diz que pesquisar também é fabular. Uma fábula nunca termina, nem cessa sua capacidade de contaminar. João Cabral (1975, p.68) confirma com um poema sobre a arte da pintura:

Quadro nenhum está acabado,
disse certo pintor;
se pode sem fim continuá-lo,
primeiro, ao além de outro quadro

que, feito a partir de tal forma,
tem na tela, oculta, uma porta
que dá a um corredor
que leva a outra e a muitas outras.

Retomo a consideração de Marques (2019, p.4), de que a ciência "é diminuição de incerteza". Não sei se reduzi algum milímetro da minha dúvida. Mas sigo acreditando no "inútil do fazer". Por acaso (acaso?), li outros poemas de Amichai (2018, p.147) e dei com uns versos, que caem bem aqui, cumprindo a ideia de que o pesquisador é um artesão que trama sua obra com os fios do conhecimento: "Do lugar onde sempre estamos certos / nunca brotarão / flores na primavera". A poesia é ampliação (ainda que mínima) da esperança. Universo do sensível onde o sonho sobrevive.

Faz-se a hora da despedida. Abraços, beijos, a alta voltagem dos sentidos. Os alunos saem às corridas para pegar o barco e voltar para casa. Adeus, adeus, dizem seus passos silenciosos para nós, que vamos partir do Saco de Mamanguá depois deles. Ainda nos restou tempo para mirá-los indo embora. Nossa escuna nos aguarda sob o sol das onze da manhã.

Nosso retorno é singrado pelo silêncio. Vamos quietos e quando um e outro pescam palavras, essas são macias, sem anzóis. Nesse momento, observando os agentes de leitura que estiveram comigo, encontro a definição de literatura – que vou repetir pelos anos seguintes: rede de afetos.

O microfone, aberto ao uso, seguirá mudo. Volnei Canônica só o tomará quando estivermos chegando a Paraty, o casario da cidade imóvel em sua rígida realidade, e trêmulo nas águas da baía. Estamos todos (é um sentimento meu, talvez não do mundo) atentos às batidas do coração da experiência que vivenciamos há pouco, como quem encosta uma concha marinha no ouvido e se deleita com seus ecos.

Penso na Flip como um polissistema. Procuro um trecho dos muitos textos que lemos de Even-Zohar (2013, p.19) para abordar nosso objeto de pesquisa. Encontro-o e o insiro, a seguir: as crises e catástrofes "de um polissistema (isto é, fatos que precisam uma mudança radical sejam por transferência interna ou externa), se o sistema as controla, são indícios de vitalidade mais que de degeneração".

Vou à popa da escuna, miro pela última vez o Saco do Mamanguá e vejo os sulcos que a escuna vai deixando no mar lá atrás. Penso nas críticas que a Flip angariou desde seu advento. E penso igualmente, como condiz ao cientista, na força oposta, rica e produtiva, que ela gerou: o Circuito Off Flip (com seu prêmio literário e seu selo editorial), a Flipei (Festa Literária Pirata das Editoras Independentes) e seu Barco Pirata, as casas parceiras (Casa Folha, Casa do Desejo, Casa Paratodxs, Casa Sesi etc.), a Paraty Real e outras iniciativas vivas e vicejantes graças unicamente ao "inútil" de seu fazer.

Recolho minhas asas de albatroz. A ciência não prescinde da sensibilidade, nem a poesia da razão. A máquina de fabricar sonhos do Zé Traquitana continua ligada. Atracamos no cais (e no porto inseguro desse texto) ao meio-dia. Minha mente flutua, enquanto desembarco. Terrafirmista.

10
Uma lata de balas de menta
Artimanhas retóricas em embalagens e reclamações ardidas do consumidor

O PRODUTO ENTRE UMA QUESTÃO DE MÃO DUPLA

A difusão de produtos e serviços por via de estratégias comunicacionais no âmbito do capitalismo não se restringe ao que tradicionalmente se concebia como publicidade *stricto sensu*, reproduzida em determinadas molduras (anúncios, cartazes, filmes etc.) e espraiadas em grandes esferas midiáticas (conglomerados de imprensa, redes de rádio e televisão etc.), mas se alarga, há tempos, num complexo sistema de fluxos informacionais. Antes mesmo de chegar ao público por meio de divulgação em ambientes offline e/ou online, uma mercadoria, qualquer que seja, já nasceu sob os auspícios desse sistema com um nome de batismo (ou *naming*, como se designa no marketing) e com a respectiva vestimenta que a corporifica, assegurando o seu poder de fetiche (Marx, 1992): sua embalagem, seu manto primeiro (até que, para renovar sua atratividade, tenha de ser remodelado). Nosso intuito aqui é investigar questões relacionadas aos aspectos significativos da comunicação das embalagens, além de discutir como a elaboração desse envoltório de bens de consumo se articula aos dois polos de sua razão de existir – o produtor (as empresas de comunicação especializadas em identidade visual) e o consumidor (cuja atenção é imantada pela aparência fascinante da mercadoria).

Motivou-nos dois recentes casos, ambos do setor alimentício, associados à publicidade de duas redes de *fast food* que atuam no país.

O primeiro se refere à linha de lanches Novos McPicanha, lançada pelo McDonald's, que não continha picanha em sua composição, mas molho aromatizado de picanha (Machado; Branco, 2022). O segundo, de certa maneira arrastado pelo rumor do primeiro e também alvo dos órgãos de defesa do consumidor, remete à rede concorrente Burger King, que anunciou (e comercializou) um Whopper Costela sem costela (Branco, 2022), posto que feito de paleta suína e aroma de costela.

Embora esses casos imponham considerações de caráter ético, convém sublinhar que iremos nos ater aos elementos da lógica comunicacional publicitária e nos valer do método de retextualização (Bettetini, 1996), que nos permite estudar textos de um campo do saber (a ciência) por meio de textos de outro campo (a arte literária). Nesse sentido, como guia de nosso itinerário para examinar o triângulo formado por produtor, mercadoria e consumidor, escolhemos a narrativa em forma de correspondência "Carta a uma fábrica de balas de menta", de Lydia Davis (2017). Escritora norte-americana, Davis recebeu o Man Booker International Prize ao criar narrativas que mimetizam formatos textuais prosaicos – "Ideia para uma placa", "Observação sobre a limpeza da casa", "Anotações durante uma longa conversa telefônica com minha mãe", "Resultados de um estudo estatístico", "Obituários locais", além de cartas (como a que selecionamos) –, nos quais aborda com irreverência e ironia a perplexidade diante de situações aparentemente banais nas relações humanas e nas interações com objetos cotidianos.

INVERTENDO O ENREDO: DO FIM PARA O COMEÇO

Iniciamos nossa discussão não pela embalagem do produto, nem pelos responsáveis pela sua produção, mas pela ponta do consumidor: na "história" de Davis, uma senhora adquiriu um pote de balas de menta e envia ao fabricante uma carta de elogio e de reclamação a um só tempo. A narradora inicia a missiva contando que comprou o produto no Natal "numa mercearia sofisticada numa cidadezinha do interior" (Davis, 2017, p.147), onde ela e o marido, em viagem, pararam para almoçar. Quando estavam indo embora, notaram "nas prateleiras de alimentos gourmet frescos e em conserva" a atraente embalagem natalina de cor vermelha das balas Puxa-Puxa Peps da Vovó, sabor menta. A senhora confessa ser apreciadora desse tipo de guloseima, aponta suas qualidades, para, em seguida, manifestar espanto em relação ao preço do produto – primeiro item de sua reclamação, ainda que não o mais relevante, como veremos adiante:

Adoro menta e, quando li a lista de ingredientes no rótulo e vi que não havia conservantes nem corantes nem sabores artificiais, decidi comprar as balas, uma vez que é difícil encontrar balas orgânicas. Não perguntei o preço da lata, mesmo sabendo que naquela mercearia em particular ela seria cara, isso porque, com a chegada do Natal, eu estava disposta a esbanjar um pouco. Quando fui pagar, contudo, fiquei chocada com o preço, que era $15 por uma lata de balas de menta, peso líquido treze onças (369 gramas). (ibidem, p.147-8)

É essencial, neste ponto, chamarmos a atenção para que, não obstante a beleza da embalagem (uma lata exclusiva de Natal), capaz de chamar a atenção da consumidora, é por causa dos dizeres na embalagem que a senhora se convence a comprar aquelas balas orgânicas, difíceis de encontrar: "não havia conservantes nem corantes nem sabores artificiais" (ibidem). Esses enunciados não meras informações técnicas da materialidade do produto endereçadas ao consumidor; são também *disclaimers*, isto é, avisos obrigatórios pela legislação para dirimir a escolha equivocada.

No entanto, apesar da vigilância das instituições responsáveis pela defesa do consumidor, por vezes os dizeres são mudados, mas a visualidade da embalagem (tamanho, formato, cor, ilustrações e/ou fotos etc.) se mantém ou, se passa por alteração, ela é quase imperceptível e pode induzir o comprador ao erro. É o caso recente da venda de produtos lácteos de segunda linha, produzidos com adição de ingredientes mais baratos do que o leite e oferecidos com preço menor ao lado dos produtos de primeira linha. A cobertura da imprensa aponta a semelhança das embalagens com os produtos tradicionais:

Os itens, que chegam a custar cerca de 30% menos, são ofertados na gôndola ao lado dos originais, com embalagens similares, fazendo com que o consumidor acredite estar adquirindo um produto com a mesma qualidade. (Gercina; Madureira; Bettoni, 2022)

Reproduzimos abaixo a embalagem do Leite Condensado Moça original e a do "novo" Leite Moça (Figura 10.1).

Figura 10.1 – Embalagens de diferentes produtos da linha Moça Nestlé

FONTE: REPRODUÇÃO

Embora os dizeres sejam distintos, "leite condensado" e "mistura láctea condensada", em rigor o fabricante deveria ter criado uma configuração visual diferente para o novo produto para lançá-lo no mercado. A mesma conduta deveria ter sido adotada pela empresa Mococa: as embalagens da mistura láctea e do creme de leite se parecem (Figura 10.2), embora os dizeres sejam distintos (na primeira, "mistura de leite, soro de leite, creme de leite e gordura vegetal", na segunda, "creme de leite leve UHT").

Figura 10.2 – Embalagens de produtos (com creme de leite) da marca Mococa

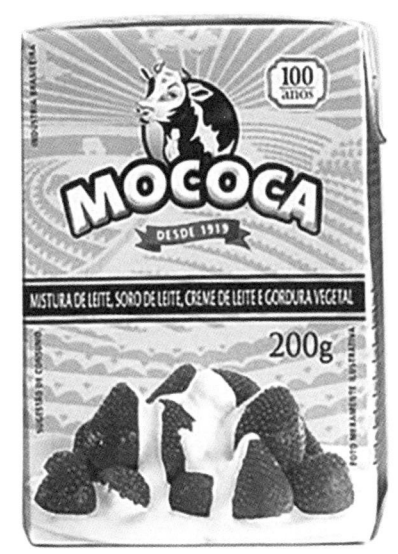

FONTE: REPRODUÇÃO

Retomando a carta da senhora ao fabricante das balas de menta, a reclamação se intensifica no segundo tópico, que advém igualmente de informações de cunho motivador (parte já, como afirmamos, do longo circuito de comunicação publicitária, que se inicia no próprio rótulo das mercadorias), relativo a seus principais qualificativos – o sabor e a consistência. A consumidora pondera:

> Ao chegarmos em casa, li sua advertência jocosa, impressa no pote, a respeito de deixar a bala amolecer na boca antes de mordê-la. Os senhores dizem: "Seus dentes lhe agradecerão!". Sim, é bem verdade que as balas de menta parecem macias mas têm a rigidez de ferro quando mordidas. Quando finalmente comi uma, mastiguei-a com cuidado e muita dificul-dade. A bala acomodou-se muito mal na minha boca, uma vez que ficava

grudando ora num dente ora noutro. Devo dizer, contudo, que o gosto era muito bom. (Davis, 2017, p.148, grifo da autora).

Sublinhamos aqui o fato de que, a um só tempo, os enunciados nas embalagens não contemplam apenas características próprias da matéria-prima e, por vezes, técnicas sobre o processo de fabricação, mas também e compulsoriamente lhe são acrescidos recursos retóricos que atuam como ativadores do consumo. Por esse trecho da carta, tomamos conhecimento dessa prática discursiva: o fabricante verbaliza a maneira mais adequada de chupar a bala, valendo-se da função conativa (a ênfase na segunda pessoa, o leitor), típica das peças publicitárias (Carrascoza, 2006, p.44-5): "Seus dentes lhe agradecerão!".

Não por acaso, para permanecermos apenas no campo dos alimentos, esse recurso prolifera em rótulos de biscoitos, cereais e outros produtos jogos e brincadeiras infantis, quando não anunciam o atrativo de que a embalagem pode ser aproveitada, como no exemplo de Sucrilhos Kellog's (Figura 10.3) comercializada na época do Natal, que enfatiza a seguinte informação: "A parte interna desta embalagem vira uma exclusiva caixa de presente!". O objetivo, claro, é ampliar a presença da marca na vida cotidiana do consumidor – tempo prosaico pelo qual, no entanto, se espraia toda a nossa existência.

Por fim, chegamos à razão precípua da correspondência da consumidora enviada ao fabricante das balas Puxa-Puxa Peps da Vovó: não foram os mencionados preço, sabor e dificuldade de mastigação, mas a quantidade de balas. A narradora especifica o momento de sua descoberta:

> A lata estava cheia até a borda, mas as balas estavam bastante soltas. Olhei mais uma vez a lista de ingredientes. Vi que os senhores alegavam que a porção tinha seis unidades e especificavam que havia "em torno" de doze porções e meia por pote. Fiz as contas e calculei que o pote deveria conter "em torno" de 74 unidades. Francamente, não creio que houvesse 74 balas ali. (Davis, 2017, p.148, grifos da autora)

Desconfiada, a senhora propôs ao marido e ao filho que fizessem uma aposta, cada um sugerindo o número de balas que julgavam conter a lata.

Figura 10.3 – Embalagem de Sucrilhos Kellog's, edição especial de Natal

FONTE: REPRODUÇÃO

Ela aponta 64, o marido 70, e o filho duvida que há mais de 50 unidades – e é quem mais se aproxima do resultado: a família conta as balas na mesa do jantar e contabiliza apenas 51 balas no pote. A indignação da mulher com os dizeres da embalagem se amplia ao constatar que 51 balas correspondem "a dois terços, aproximadamente, do número de unidades que os senhores alegam haver na lata. Não consigo entender por que os senhores fariam uma alegação tão enganosa" (ibidem, p.148-9). Ela avança nos cálculos, direcionando-os não mais para a quantidade, mas para o peso líquido da lata, informação que deve constar obrigatoriamente no rótulo do produto, e sua conclusão ganha outro agravante:

Os senhores dizem que o peso líquido é 369 gramas. No entanto, isso também daria 74 unidades, arredondando, e já que não são 74 unidades mas 51, o peso líquido das balas está mais próximo de 255 gramas. (ibidem, p.149).

Assumindo em definitivo a condição de reclamante, a senhora termina a carta dizendo que ela e seus familiares "estamos nos sentindo ludibriados, ou deveria dizer... roubados? Os senhores poderiam explicar a discrepância?" (ibidem, p.149). Assim como nessa ficção de escritora norte-americana, situações de igual natureza se pronunciam em embalagens de produtos reais. No caso da caixa de especialidades da marca Lacta (Figura 10.4), por exemplo, a empresa segue a lei informando na embalagem os dizeres: "Novo peso: de 378g para 332g (Redução de 46g ou 12%)".

Figura 10.4 – Embalagens da caixa de especialidades com peso reduzido

FONTE: REPRODUÇÃO

De acordo com investigações da imprensa (Gamero, 2018), embora muitas empresas tomem o cuidado de reduzir o peso dos produtos e informar no rótulo essa redução, o preço da versão anterior se mantém. Esse tipo de episódio se repete com outras marcas: segundo reportagem publicada no *Jornal ND* (Consumidores reclamam..., 2020), o chocolate em embalagem de 300 gramas tem o mesmo preço da embalagem de 270 gramas (Figura 10.5), confirmando esse tipo de prática.

Figura 10.5 – Chocolate do mesmo fabricante com pesos diferentes e preços iguais

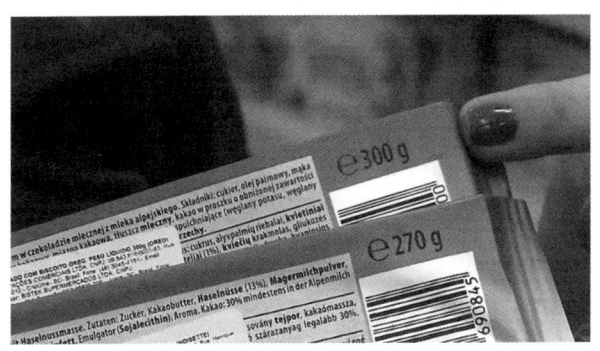

FONTE: REPRODUÇÃO

Cabe-nos, a esta altura, recordar que, em tempos pretéritos, as reclamações do público eram dirigidas ao fabricante (por meio do Serviço de Atendimento ao Consumidor, SAC), mais precisamente por cartas, de forma isolada, a exemplo da escrita pela personagem de Lydia Davis por nós retextualizada, e às vezes também por denúncias encaminhadas à grande imprensa, que, então, as publicava. No entanto, com o advento da internet, irrompeu o fenômeno do consumerismo político (Domingues, 2013), centrado em movimentos organizados que visam defender os interesses do consumidor. Nesse sentido, protestos orquestrados de amplitude nacional ou até mesmo mundial, boicotes a grandes corporações e cancelamentos de perfis de empresas em redes sociais se tornaram constantes, resultando na participação política efetiva da sociedade na esfera do consumo. Ainda assim, questões comunicacionais (que deságuam em condutas éticas ou não), como as da embalagem das balas Puxa-Puxa Peps da Vovó, uma vez trazidas à luz por um ou mais consumidores, não obstante sua relevância, operam como fatos: ocorrem na esfera do cotidiano, mas, tal qual uma pedra atirada no lago, produzem círculos concêntricos, que logo desaparecem na água.

O PRODUTO COMO MEIO E A RETÓRICA PUBLICITÁRIA

Passemos, a seguir, para o domínio do produto, a fim de focar os procedimentos retóricos já presentes na embalagem, ponto de partida do sistema publicitário e que, de certa forma, aparecem na carta da consumidora.

Cumpre iniciarmos pelo próprio nome que batiza o produto, palavra em geral simples ou composta que, no entanto, é o ponto norteador de toda a linhagem de efeitos de sentido construídos em seguida e ao longo do tempo pela publicidade a serviço de uma marca. No texto de Lydia Davis, as balas são chamadas de maneira irreverente de Puxa-Puxa Peps da Vovó – e também de modo irônico, se lembrarmos a afirmação da consumidora ao provar a primeira bala, que, embora parecesse macia (sua consistência permitiria o puxa-puxa), tinha a "rigidez de ferro". O *naming* obedece, conforme a classificação de Carballido (2014), ao caráter descritivo, explicitando sua trajetória fincada na tradição (no caso do conto, a da vovó). Ou seja: é pelo nome que se funda o universo ficcional de um produto – o mundo de possibilidades narrativas que o constituem (Carrascoza, 2015), gerenciado pelo anunciante em conjunto com os responsáveis pela sua comunicação publicitária. Daí porque, se necessário para ampliar sua potência persuasiva ou reduzir ruídos informacionais, o nome pode ser alterado. É o caso da grife Yves Saint Laurent, que deixou de ser um nome patronímico e se tornou uma sigla (YSL); ou do descritivo nome *spot identify*, que, por contração, transformou-se em Spotify. Ou ainda o nome da Escola Superior de Propaganda e Marketing, que, ao oferecer novos cursos, tornando-se um centro universitário, assume a sigla identitária ESPM.

Mas, como afirmamos desde o início de nossa reflexão, as embalagens assumiram o papel e o destino não apenas de guarda e apresentação do bem de consumo, mas também de "peças publicitárias" – materiais nos quais o discurso de convencimento do anunciante está presente. Vamos encontrar na lata das balas Puxa-Puxa Peps da Vovó enunciados de fundo argumentativo, como os lugares de quantidade (o peso, o volume em unidades etc.), qualidade (é melhor amolecê-las na boca antes de mordê-las etc.), figuras de linguagem e outros jogos linguísticos que tornam a mensagem mais expressiva. Citemos como amostras dessa mesma estratégia criativa, as embalagens dos Sucos do Bem, que trazem ditados e frases associados a frutas e até histórias curtas, como podemos comprovar num dos blocos de texto inserido na lateral da embalagem do suco de tangerina integral (Figura 10.6).

Figura 10.6 – Embalagem do Suco do Bem

Nas linhas iniciais desse trecho, depois do título "Inovamos. De novo", o anunciante explica como chegou ao novo sabor:

> Steve Jobs disse certa vez: "Você quer continuar vendendo xarope com açúcar pelo resto da sua vida ou quer ter a chance de mudar o mundo?" Foi com esse espírito que lá fomos nós passar dia e noite na nossa cozinha, espremendo as tangerinas mais bonitas que encontramos na feira de Ipanema, junto com a vontade de mudar o mundo das bebidas. E para a sua alegria (e a do Steve também), nós conseguimos!

A "roupa" da mercadoria é explorada em sua própria tessitura material, transformada num espaço "midiático" no qual a marca opera seu diferencial comunicativo, direcionando sua voz ao consumidor por

Figura 10.7 – Embalagens do Suco do Bem

meio da função conativa (*"você* quer continuar", "para a *sua* alegria" etc.), como no caso dos dizeres das balas Puxa-Puxa Peps da Vovó (*"Seus* dentes lhe agradecerão!"*). E, como um "médium", a embalagem passa a receber outros textos, que ampliam a variação discursiva da marca. No caso do Suco do Bem, outras "narrativas", além dessa que faz menção a Steve Jobs, também foram veiculadas no rótulo de novos lotes do produto (Figura 10.7).

> O que é que a tangerina tem?
> (já cantava Carmem Miranda)
> A gente sabe que verão igual ao do Brasil não tem! A alegria é tanta que parece até que temos energia de sobra pra fazer tudo aquilo que queremos num só dia.
> É praia, diversão com os amigos, almoço em restaurantes, e até seu chefe já está todo bronzeado e com um sorrisão daqueles! E foi para refrescar toda esta agitação boa de início de ano, que resolvemos dar uma ajudinha saudável com o nosso suco de tangerina integral, sem adição de água, açúcar e conservantes com nomes estranhos.

Em termos de estruturação argumentativa, tal textualidade é igual à produzida para os anúncios de mídia impressa, detalhada por Carrascoza (2012). Outros procedimentos de índole comunicacional, antes ausentes nos rótulos, ocupam a superfície das embalagens, propondo alguma interação com o consumidor, como a frase "Vai com tudo" no ponto onde se inscre o canudo na caixinha de suco.

Há também a exploração do rótulo como "manifesto" do posicionamento do fabricante, como o da garrafa de água Bonafont (Figura 10.8), na qual temos a prosopopeia "Sou uma garrafa a menos", seguida da explicação: "A cada embalagem de Bonafont produzida, uma outra embalagem é reciclada".

Em suma, as embalagens passaram a ser espaços não só limitados às informações do produto, mas também abertos à divulgação institucional das marcas, de seus compromissos de sustentabilidade e, em especial, de sua corrente discursiva suasória.

Figura 10.8 – Rótulo da garrafa de água da marca Bonafont

POR FIM, A INVISIBILIDADE DO "PRODUTOR"

Examinemos agora, conforme nossa proposta, ao reverso, o polo da produção das mercadorias. Para isso, retomamos a carta da consumidora de balas Puxa-Puxa Peps da Vovó, que vem nos servindo de substrato para abordar o triângulo produção-bem-consumo. Todos os enunciados da narradora que mencionam o fabricante do produto tratam-no como senhores ("os *senhores* alegam que a porção tinha seis unidades", "não consigo entender por que os *senhores* fariam uma alegação tão enganosa", "os *senhores* dizem que o peso líquido é 369 gramas" etc.) e incorporam o pronome possessivo correspondente ("*sua* advertência jocosa, impressa no pote"). Ironia ou não, a mulher se refere àqueles que são responsáveis pela fabricação industrial das balas, mas não a "quem" efetivamente as faz – os funcionários que cuidam de cada uma das etapas do processo produtivo. Nessa posição, estão, de fato, os agentes que atuam com sua força de trabalho para dar materialidade às mercadorias. Em seu estudo sobre a publicidade como operador totêmico, Rocha (1990) nos mostra que no domínio da produção há um ocultamento da exploração do homem pelo homem, enquanto na esfera do consumo, consubstanciada nas peças do sistema publicitário (anúncios, cartazes, comerciais etc.), o ser humano é divinizado. A retórica do consumo apaga, à semelhança de uma mágica, o circuito objetivo da produção e a história social do produto, uma vez que:

> Na produção, o mundo se efetiva em meio a materiais e máquinas. O produto do trabalho é múltiplo, é indistinto, é impessoal. Ali, o anonimato e a serialidade estão presentes. A existência da marca do humano, do jeito e do traço que o trabalhador individual poderia imprimir ao produto fica suspensa. Num certo sentido, o processo de produção coloca o "humano" em quarentena. As máquinas através das quais a revolução industrial transformou o modo de produção estabeleceram, de forma incisiva, a separação entre o trabalhador e o resultado de seu trabalho (ibidem, p.62-3, grifos do autor).

Se no âmbito da produção temos a ausência da marca humana, os produtos, por sua vez, recebem, pela comunicação publicitária, traços de identidade, atributos particulares, sinais de singularidade. Daí que os dizeres na embalagem de Puxa-Puxa Peps da Vovó enunciam (e anunciam) que as balas são "orgânicas", de menta, sem "conservantes, nem corantes, nem sabores artificiais" e que se deve deixá-las amolecer na boca antes de mordê-las. Sem contar os dizeres visuais, que arregimentam de forma contundente sua aparência e seu consequente feitiço ("a atraente embalagem natalina de cor vermelha" etc.).

Em síntese, se no processo de produção "o produto final é algo onde, tanto do ponto de vista lógico quanto do ponto de vista sensível, o trabalhador individual, o mundo 'humano' é o grande ausente" (ibidem, p.63, grifos do autor), pelo sistema publicitário, via estratégias textuais e imagéticas, o produto ganha significação e, concomitantemente, diferenciação em relação a outros. A magia – a metamorfose discursiva do desumano da produção para o humano do consumo – se estabelece por meio das "informações" que a publicidade, como instrumento de classificação do mundo, "impõe" ao produto.

Ainda sob esse ângulo de discussão e observando um produto similar, temos o exemplo das balas personalizadas Sex Shop (Figura 10.9).

Figura 10.9 – Balas personalizadas Sex Shop

FONTE: REPRODUÇÃO

Não sabemos quem as produziu, que indivíduo trabalhador, mas encontramos em sua embalagem dizeres dirigidos ao consumo, como "A lingerie é a moldura e o seu corpo a obra de arte", "Me mata de prazer antes que eu morra de vontade", "Provoca quem sabe, resiste quem consegue" etc., todos acompanhados de imagens ilustrativas.

O mesmo recurso podemos identificar nos produtos oferecidos aos passageiros pela companhia aérea Azul: no pacote de balas de gelatina, que têm formato de "aviãozinho", se destaca a frase "Para alegrar seu coração"; no saco de biscoito de polvilho, a expressão promocional é "para comer um bocado"; e na embalagem do bolo de laranja, a informação de índole persuasiva "Feito com carinho e amor" (Figura 10.10).

Figura 10.10 – Conjunto de lanches oferecido pela companhia aérea Azul

FONTE: REPRODUÇÃO

Em relação à última frase, fazemos a pergunta: "Feito com carinho e amor" por quem? E seguimos com as palavras de Rocha (1990, p.65-6): "O trabalho individual, por força da máquina, inexiste. O controle do produto final não está ao alcance de nenhum trabalhador, mas na organização dos meios de produção e no capital".

É fundamental apontarmos, nesse percurso de atribuição de sentidos ao produto, que o local onde ele é colocado à venda, "exibido" nas prateleiras deste ou daquele estabelecimento, igualmente lhe garante maior ou menor distinção. Não por acaso, no conto de Davis (2017, p.147), a senhora diz que comprou as balas "numa mercearia sofisticada numa cidadezinha do interior" e confessa que "não perguntei o preço da lata, mesmo sabendo que naquela mercearia em particular ela seria cara".

De todo modo, como depreendemos do já clássico estudo *O sistema dos objetos* (Baudrillard, 2002), a publicidade transforma o produto, na instância do consumo, por meio de seus materiais, em imagens e fábulas, como nos anúncios da marca de chiclete Orbit White, que simulam situações narrativas nas quais a presença do produto é vital (Figura 10.11).

Figuras 10.11 – Anúncios do chiclete Orbit White

FONTE: REPRODUÇÃO

É lícito dizermos, por extensão, que as peças publicitárias, sejam anúncios impressos, postagens em rede social, filmes etc. também "embalam" o produto em envoltórios comunicacionais, dando-lhe assim uma "aura" de humanização.

DE VOLTA À LATA

O conto "Carta a uma fábrica de balas de menta", de Lydia Davis (2017), nos permitiu investigar diferentes aspectos comunicacionais da embalagem de um produto alimentício, como as informações legais (*disclaimers*), a rotulagem especial em função de datas comemorativas (o Natal, na narrativa em questão) e, sobretudo, sua ocupação como lócus de iniciação do discurso publicitário de seus principais atributos e mesmo de dêiticos e dados institucionais da marca de seu fabricante. Evidentemente, embalagens de mercadorias de outros segmentos do mercado, como produtos farmacêuticos, eletrodomésticos, itens de consumo cultural etc., ensejam outras discussões não menos relevantes quanto às especificidades dos três ângulos envolvidos em sua materialidade – o produtor, o bem em si e o consumidor.

Maior espanto que o da senhora, ao escrever a carta para o fabricante das balas Puxa-Puxa Peps da Vovó, diante da diferença de unidades do produto em relação à quantidade mencionada na embalagem, é o nosso ao saber por uma recente reportagem (Nogueira, 2022, p.B8), que comer nuggets de frango e batatas fritas em gordura vegetal hidrogenada é o último desejo da maioria de pacientes terminais, segundo relatam profissionais de saúde do núcleo de cuidados paliativos do hospital da Universidade de Campinas (Unicamp). O autor da matéria aponta que ainda há "um saudosismo marqueteiro para vender uma certa 'cozinha afetiva'. Uma construção fantasiosa ou falaciosa de um passado recente em que os hábitos alimentares eram incorruptos" (ibidem, p.B8). O jornalista cita o livro *Regras da comida*, do norte-americano Michael Pollan, que firma em seus aparatos a frase "não coma nada que a sua avó não reconheceria como comida". Afirmar que comida com qualidade está relacionada aos tempos da avó não é mais um argumento forte, nem mesmo na ficção, já que, como vimos, as balas Puxa-Puxa Peps da Vovó "parecem macias mas têm a rigidez do ferro quando mordidas". E, como diz a consumidora na carta ao fabricante: "quando finalmente comi uma, mastiguei-a com cuidado e muita dificuldade. A bala acomodou-se muito mal na minha boca, uma vez que ficava grudando ora num dente ora noutro" (Davis, 2017, p.148).

Seja como for, a publicidade contemporânea fabula sobre o produto, com palavras e imagens, não unicamente em materiais promocionais, mas na própria pele (artificial) que lhe cobre o corpo.

11

Suíte acadêmica, segundo movimento[*]

Notas líricas sobre bancas de mestrado e doutorado em Comunicação

A ABERTURA

É a etapa inaugural, e compulsória, de qualquer narrativa que vá se desdobrar adiante. O sol inaugura a manhã, os olhos sonolentos se abrem para o novo dia, o nascimento é o abridor da vida – a minha, a sua, a de todos nós. A abertura revela aos poucos a sua razão de ser, senão seria um devassamento. Ideal que seja reverente e respeitosa, mas não demore para introduzir seu objetivo. O do texto, que aqui se abre, é apresentar, para além do eixo cartesiano que predomina na academia, alguns itens relevantes quando um mestrando ou doutorando apresenta sua pesquisa em banca de defesa final. Segundo movimento, como seu título enuncia, da suíte que fizemos tempos atrás para relembrar os pesquisadores em Comunicação que o mundo do sensível está na raiz do intelecto, é parte pois do método científico, embora seja costume soterrá-lo em nome da (falsa) objetividade. Já a abertura de uma cerimônia de defesa pode ser protocolar e burocrática, criativa e inspiradora, depende de quem a comanda. Não são muitas as suas variáveis, normalmente se alterna

---

[*] Originalmente publicado no livro *Afetos em narrativas – Volume 1*, organização de Isabella Pichiguelli, Míriam Cristina Carlos Silva, Monica Martinez, Tarcyanie Cajueiro Santos e Vanessa Heidemann, Editora Jogo de Palavras; Provocare Editora, 2018, p.25-34.

entre a pompa e a discrição. Se equivocada, arrasta emoções rasteiras; se equilibrada, eleva os espíritos – embora não como as aberturas sinfônicas de Beethoven. Mas quem aspira a tanto? A glória não é nativa do nosso campo.

A BANCA

Não é um tribunal, nem uma reunião de amigos, mas um encontro de sensibilidades, às vezes das mais brutas. Se for de mestrado, lá estarão três examinadores; apenas dois com direito à fala ou à arguição (se preferirmos uma palavra de viço erudito), o orientador não conta, já disse o que tinha para dizer, pelo menos é o que dele se esperava enquanto a pesquisa progredia: se está ou não de acordo com o ponto de chegada, a sua missão é reafirmá-lo, umas bolhas nos pés do orientando também nos seus supuraram. O mesmo em caso de doutorado, quando então o número de examinadores sobe para cinco, suprimindo o orientador que percorreu com seu orientando – itinerário mais comprido – os trechos de areia movediça, de terra batida, os paralelepípedos e, por fim, a capa de asfalto sobre o pântano. Implícito é o pacto entre os membros da banca: em uma ponta a cordialidade; na outra, a provocação.

O ORIENTADOR

Não possui bússola, nem a vidência das pitonisas, tampouco tem as respostas (mesmo se codificadas) dos oráculos. Mas acompanha os passos, prevê as quedas, aponta as sendas esburacadas e os precipícios invisíveis. Deve ser firme, mas – que se diga logo – é falível. Alguns são de estirpe calorosa, outros de cepa gelada. E há os paternais, os terapêuticos, os motivadores, os reservados. Às vezes são secos, às vezes caudalosos. Num polo, arrogantes e altivos. Noutro, humildes e nobres. Nem sempre cairemos com o orientador sonhado, nem escaparemos de quem se tenhamos evitado. Sorte-azar, destino-acaso, nunca saberemos os desígnios da vida e as suas irônicas possibilidades. Se for um leitor-crítico, já terá sido um aliado. Se for sincero no feedback, um bônus. Bônus extra, se souber ouvir. Tri-bônus, se não atrapalhar. Desconfie daquele que não faz ressalvas, bem como dos que só elogiam. Os confetes de ontem se transformam nos espinhos de amanhã. Na banca, deverá se comportar com dignidade ante as críticas dirigidas a pupilo e com modéstia se méritos lhe atribuírem. Por reverência ou graça, dizem que é uma espécie de deus, no qual se deve confiar muda e cegamente. Pobre deus sem poder algum, a não ser o de levar a culpa dos erros cometidos pelos seus (in)fiéis seguidores.

OS AGRADECIMENTOS

Há quem agradeça àqueles que lhes ergueram a cancela, ainda que ela possa ser acionada por botão, com um roçar de dedo. Há quem agradeça por dever ou constrangimento – mordaça para sufocar a futura ingratidão. Se assim for, melhor não agradecer, será um gesto de coragem. Pode-se argumentar, pelo não dito, que é desnecessário agradecer a quem nos amparou por obrigação, a preço justo e com a devida mais-valia. Às vezes, para o orientador, o nome na página de agradecimentos é o único indício, talvez sincero, de que foi efetivo como o guerreiro (mais experiente) da tribo. Avós, pais, filhos, irmãos, amigos, agradeça a quem quiser, desde que não seja por interesse. Se for por afeto, não exagere no açúcar. Intimidade desmedida mais aprisiona que liberta. Nunca é pouco dizer às pessoas que as amamos, embora possamos dizer de outra maneira, fugindo dos clichês (deles, afaste-se o tempo todo). Professores, colegas de jornada, gente querida que partiu enquanto a pesquisa se arvorava. Alguma agência de fomento. Agradeça a quem julgar que o mereça, mas não minta à sua verdade – assim a empobrecerá.

A EPÍGRAFE

Chave interpretativa que antecede a discussão. Farol que, pretende-se, a ilumine. Frase ou verso que abarca o oceano ondulando à frente – margem do que não tem divisas precisas. Passagem ou trecho ardente de terras percorridas por outro caminhante, às vezes seu único marco, mas, no contexto aludido, sempre um sol extremo no horizonte. Não confundir com epitáfio, que esse vai depois de consagrado o fim do caminho. Zelar – e aí está o risco – para que as (poucas) palavras da epígrafe não sejam as mais expressivas da explanação que a segue. Epígrafe: como um tapa. Tapa que carrega em seu âmago a coragem do agressor para encarar os efeitos de seu ato. Epígrafe: cuidado para que ela não diga o contrário do proscrito. Nem seja uma gravata borboleta na roupa do dia a dia. Ou, o mais danoso: se em outra língua, que não a corrente do autor, mas de cercania remota, revela alma colonizada, empáfia neoliberal, preconceito linguístico. Grave o alerta: epígrafe é estaca – de espantalho ou cadafalso.

OS CAPÍTULOS

Não são como lojas de departamentos, a exibir seu conteúdo sem relação com o todo, andares estranhos de um edifício. Escamas cristalinas de cebola, que Neruda definiu como redonda rosa de água. Capítulos: espirais que se sobrepõem, umas às outras, formando a luminosa redoma que abriga água nova e gotas antigas. Reparte do mesmo pão, fatia de uma narrativa (se o texto se abrir como flor para o *pathos*). E, se o texto for urdido como peça de persuasão, com empilhamento de dados, como o fez Whitman em suas folhas da relva, mesmo assim, um capítulo deve se amalgamar ao outro, como a derme à epiderme. Capítulos, embora tragam questões inéditas, carregam saberes coagulados e, aos poucos, página a página, vão, como o efeito do tempo, cicatrizando as dúvidas e abrindo outras chagas. É do humano a desconfiança. Capítulos: âncoras da nave. Saiba lançá-los ao mar dos sentidos, para lhes dar especificidade. Capítulos: fios que, entrelaçados, tecem a rede de arrasto, a tarrafa, a malha das lembranças (e a do esquecimento).

AS CITAÇÕES

Como usá-las? Não feito batom, esmalte, cílios postiços. Mas como sangue que irriga o corpo. Líquido que lubrifica as artérias do pensar e as veias do sentir. Ervas aliadas, que podem se tornar daninhas. Especiarias que alteram o sabor, para alegrar o paladar ou amargá-lo. Uma citação puxa a outra, e quem as encaixa ou as desparafusa é o bom senso, como faz a locomotiva com os vagões. Uma atrás da outra e da outra e da outra é comboio rude – o peso de tantas mantém o trem preso ao chão, quando o desejável é levitar, andar sobre os trilhos sem neles tocar. Um rosário de citações extraído das obras dos examinadores, eis uma arte, que pode cair no artifício. Reconhecimento legítimo, jamais reverência falsa. É justo dizer com o dito alheio – aliás, sempre se diz, apud Bakhtin. Melhor dizê-lo, então, sabendo qual é a sua palavra, qual é a do outro.

A REVISÃO

Os erros, dos mais simples, ortográficos, até os de maior gravidade, são inevitáveis. Mas, se para o orientando, há gradações entre o relaxo consciente e a derrapagem involuntária; para a banca, a linha entre a tolerância e o perdão não é das mais elásticas. Leve é a incorreção se, no lugar de um w, se grafar um v, mas, se o w estiver no nome de um dos examinadores, o peso do engano sobe exponencialmente, pode soar como afronta. Conferir, em *Angústia* de Graciliano Ramos, a crítica aos revolucionários que escreveram "proletários, uni-vos", sem a vírgula e o hífen. Suprimir sinais é contravenção à regra, ou prova de que a insubordinação está, como a pele ao corpo, grudada à fala? Abaixo os puristas. E os desmazelados. O que tem de ser tem mesmo muita força? Há armas contra o determinismo? Não é a escrita um caminho que desafia o abismo? Revisar: ver mais uma vez. Escrever: revisar o ver. Remirar o visto, para corrigir em si a paisagem. Saber que da pedra de Sísifo, rolada morro acima e abaixo, umas lascas sempre se desprendem. Saber que podemos pisá-las com botas, ou descalços.

O ENTÃO

O "então" é uma das duas balizas movidas pela banca examinadora. Cada membro, quando lhe é dada a palavra, depois da saudação aos presentes e do agradecimento pelo convite que ali o trouxe, inicia a sua arguição com esse "então", dito explicitamente ou subentendido. O "então" corresponde aos pontos positivos, que angariaram, à vista de cada leitor-avaliador, vivas e elogios. "Então", diz o douto professor, e começa o seu rol de lisonjas, que vão desde as mais modestas aos rolos de serpentina – às vezes, mais para imantar a plateia do que louvar o candidato. O "então" suporta várias calibragens, impossível listar todas. A sua finalidade é assentar a coluna dos prós. Desembrulhado plenamente o "então", cumpre ao arguidor trazer à cena a outra baliza, a do "mas", que, sendo seu oposto, tem lá muitas nuances.

O MAS

O "mas" sucede o "então" e exerce força inversa: elenca os equívocos, os titubeios, as vacilações e, até mesmo, os acertos – que, a depender do observador, são desvios de rota, falso (reto) caminho, trem descarrilado do "então". No "mas" se aloja o demo e seu redemunho. Pelo "mas" é que se ataca com lança em fogo o fino tecido humano. Se o "então" é o reconhecimento do escudo dúctil, o "mas" é o seu flanco, a parte, vide o corpo de Aquiles, que não recebeu a blindagem da água santa. Há relatos nos quais o avaliador, quebrando o protocolo do "então" antes do "mas", descortina seu teatro por esse, para terminar com clima laudatório – um estratagema que antepõe as chicotadas aos afagos iniciais de praxe. Também já se viu, numerosos são os registros, o arguidor, por tática performática ou bipolaridade, fazer um vaivém de "então" e "mas", "mas" e "então", um ardil de impacto duvidoso, mas comum para quem vê o bem e o mal abraçados, como Jekyll e Hyde. Em suma: apesar das loas exaltadas no "então", o "mas" é seu neutralizador nato, o negro que tinge a sublime claridade. Pois então: mas!

A RÉPLICA

A cada arguição de um membro da banca, cabe ao presidente da sessão, na figura do orientador, ceder a palavra ao seu orientando, para que se manifeste acerca do que lhe foi dito. Prudente, nessa resposta, é que ele devolva, rápido, a gentileza (recíproca) relativa ao "então" endereçado e centre sua verve no núcleo do "mas" e suas decorrências – esforçando-se para não ser tímido na defesa, nem inconsequente no ataque. Os examinadores agem como numa mesa redonda, não há quem seja mais sábio – mas vá dizer isso às estrelas, como todas aqui embaixo, de luz fugaz –, será a faísca do incêndio. A réplica deve se ater às altas esferas teóricas, à galáxia de abstrações, ainda que seja desejável o debate reverberar na superfície terrestre, se possível na vida humana. Mesmo que se tome todas as precauções e se pegue as palavras à pinça, não se anulará o risco de uma tréplica. Há quem se comporte numa banca como num comício, querendo que seu fervor afogue a crença dos outros. Convém lembrar, assim, que nenhuma água escorre sem perder volume em seu curso.

A DELIBERAÇÃO

Cumprido o rito formal, tendo os membros da banca feito seus comentários e recebido esclarecimentos do candidato – dada a hora e os compromissos domésticos que os aguardam –, o orientador pedirá que seu orientando e a plateia se retirem, os avaliadores vão deliberar, discutir entre si o "veredito". Em comitê privado, analisarão os trunfos e os deméritos da pesquisa. Distraidamente, vão derivar para assuntos de outra índole, a crise econômica do país, os radicais de direita, o absurdo cotidiano. Maledicências podem brotar, fofocas, procura por faxineira, não há limites para o que a linguagem é capaz de produzir entre quatro paredes – e também fora, porque os que saíram da sala hão de recolocar o tema em pauta, julgando à sua maneira a conduta, os trejeitos, os salamaleques dos avaliadores: a deliberação se dará, portanto, dos dois lados. Deliberar: ação dupla. Juízo, nessa hora.

O RESULTADO

Finda a deliberação de lá e de cá, a plateia voltará à sala, repovoan-do-a. O orientador, de pé, instando os demais a imitá-lo, lerá então, em voz alta, a pequena ata, menos para agradar o candidato e seus convida-dos e mais para que o "veredito" não se perca no ar. Aprovado. Aprovado com distinção. Aprovado com distinção e louvor. O que vale é o título ou o aprendizado? Hora de festejar, apesar dos talhos de facão na carne. Festejar porque não há alegria sem cicatrizes (atávicas ou vindouras). Uma vitória, não importa se de goleada, se de meio a zero. Todas as horas dos dois ou dos quatro anos, sobretudo as tormentosas, hão de relam-pejar na memória, e, se brotar nos olhos garoa, chuva ou nada, pouco importa: o cálculo está fechado. Para o novo mestre, o novo doutor, a glória (ligeira) do instante.

O ENCERRAMENTO

No fim do fim, as incontornáveis selfies: primeiro do pupilo (agora mestre ou doutor) e seu orientador, depois daquele com os membros da banca e, o mais esperado, com seus familiares e aqueles que, ao contrá-rio das carpideiras, ali vieram para bajulá-lo (preço antes combinado). Depois, a estrela do dia (mesmo que chamuscada) deverá celebrar em local privê, com a sua gente, o título obtido. Os doutos membros da banca correrão para suas casas – os ansiosos precisam atualizar logo o currículo Lattes. No mais, nada de novo sob o sol, senão mais um cata-tau de pé, na biblioteca da faculdade, à espera do pó.

Referências

AGAMBEN, G. *Profanações.* São Paulo: Boitempo, 2007.

AGUIAR, L. M. *Normalizações do saber-poder metodológico no campo da comunicação*: por um *étodo* da diferença nos processos institucionais de produção de conhecimento científico. Porto Alegre, 2017. 215 fls. Tese (Doutorado em Comunicação e Informação) – Faculdade de Biblioteconomia e Comunicação da Universidade Federal do Rio Grande do Sul (UFRGS).

AMICHAI, Y. *Terra e paz*: antologia poética. Rio de Janeiro: Bazar do Tempo, 2018.

ANDRADE, C. D. de. *Boitempo & A falta que ama.* 2.ed. Rio de Janeiro: Sabiá, 1973.

ANDRADE, C. D. de. *Antologia poética.* 10.ed. Rio de Janeiro: José Olympio, 1977a.

ANDRADE, C. D. de. *Reunião. 10 livros de poesia.* 8.ed. Rio de Janeiro: Jose Olympio, 1977b.

ANDRADE, É. C. A democracia brasileira entre ratos e vampiros: relendo Lygia Fagundes Telles. *Estudos Literários Brasileiros Contemporâneos*, Brasília, n.56, e5614, 2019, p.1-10.

ANDRADE, O. de. *Pau-Brasil.* São Paulo: Globo, 2000.

ANDRESEN, S. de M. B. *Coral e outros poemas.* São Paulo: Companhia das Letras, 2018.

ARTIÈRES, P. "Arquivar a própria vida". *Estudos históricos*, Rio de Janeiro, v.11, n.21, p.9-34, 1998.

BARTHES, R. "A retórica das imagens". In: BARTHES, R. *O óbvio e o obtuso.* Rio de Janeiro: Nova Fronteira, 1990.

BARTHES, R. Mitologias. 11.ed. Rio de Janeiro: Bertrand Brasil, 2001.

BAUDELAIRE, C. *As flores do mal.* Rio de Janeiro: Nova Fronteira, 2012.

BAUDRILLARD, J. *O sistema dos objetos.* São Paulo: Perspectiva, 2002.

BAUMAN, Z. *Modernidade líquida.* Rio de Janeiro: Zahar, 2001.

BAUMAN, Z. *Amor líquido*: sobre a fragilidade dos laços humanos. Rio de Janeiro: Zahar, 2004.

BENJAMIN, W. *Charles Baudelaire, um lírico no auge do capitalismo*. São Paulo: Editora Brasiliense, 1989.

BENJAMIN, W. *A obra de arte na era de sua reprodutibilidade técnica*. In: BENJAMIN, W. *Magia e técnica*: ensaios sobre literatura e história da cultura. São Paulo: Brasiliense, 1994.

BETTETINI, G. *La conversación audiovisual*. Barcelona: Cátedra, 1996.

BOCCACCIO, G. *Decamerão*. São Paulo: Abril Cultural, 1979.

BORGES, J. L. *Nueva antología personal*. 16.ed. México: Siglo Veintiuno Editores, 1987.

BORGES, J. L. *Dispersos*. Buenos Aires: Emecé, 1994.

BORGES, J. L. *Esse ofício do verso*. São Paulo: Companhia das Letras, 2000.

BORGES, J. L. *O livro de areia*. São Paulo: Companhia das Letras, 2009.

BOSI, A. *Entre a literatura e a história*. São Paulo: Editora 34, 2013.

BOURDIEU, P. *O poder simbólico*. Rio de Janeiro: Bertrand do Brasil, 1998.

BOURDIEU. *As regras da arte*: gênese e estrutura do campo literário. São Paulo: Companhia das Letras, 1996a.

BOURDIEU, P. *Razões práticas:* sobre a teoria da ação. Campinas: Papirus, 1996b.

BOURDIEU, P. "A ilusão biográfica". In: FERREIRA, M. de M.; AMADO, J. (Orgs.). *Usos e abusos da história oral*. Rio de Janeiro: Fundação Getúlio Vargas, 2001.

BOURDIEU, P. *A distinção*: crítica social do julgamento. São Paulo: Edusp; Porto Alegre: Zouk, 2007a.

BOURDIEU, P. *A economia das trocas simbólicas*. São Paulo: Perspectiva, 2007b.

BOURDIEU, P. *Homo academicus*. Florianópolis: Editora da UFSC, 2011.

BRANCO, A. P. Após McPicanha sem picanha, Burger King é proibido de vender Whopper Costela sem costela. *Folha de S.Paulo*, São Paulo, 3 maio 2022, p.A20.

CAMPOS, H. de. *A arte no horizonte do provável*. 4.ed. São Paulo: Perspectiva, 1977.

CANCLINI, N. G. *Consumidores e cidadãos*: conflitos multiculturais da globalização. Rio de Janeiro: Editora UFRJ, 1995.

CANCLINI, N. G. *Culturas híbridas*: estratégias para entrar e sair da modernidade. São Paulo: Edusp, 1997.

CANNEVACCI, M. *Sincretismo*: uma exploração das hibridações culturais. São Paulo: Nobel, 1996.

CARBALLIDO, I. *Comunicação e microdiscurso do consumo*: lógicas de produção dos nomes de marcas publicitárias no Brasil. São Paulo: 2014. Dissertação (Mestrado em Comunicação e Práticas de Consumo) – Escola Superior de Propaganda e Marketing (ESPM).

CARONE, M. História de um mestre no fim da vida. In: KAKFA, F. *Um artista da fome e A construção*. São Paulo: Companhia das Letras, 2017.

CARRASCOZA, J. A. *A evolução do texto publicitário*: a associação de palavras como elemento de sedução na publicidade. 3.ed. São Paulo: Futura, 2002.

CARRASCOZA, J. A. *Redação publicitária*: estudos sobre a retórica do consumo. 4.ed. São Paulo: Futura, 2006.

CARRASCOZA, J. A. *Do caos à criação*: processo criativo, plágio e *ready-made* na publicidade. São Paulo: Saraiva, 2008.

CARRASCOZA, J. A.; AGUALUSA, J. E.; CUNHA, L.; AGUIAR, L. A. *Nos labirintos de Borges*: contos inspirados em Jorge Luis Borges. São Paulo: Melhoramentos, 2014.

CARRASCOZA, J. A. *Estratégias criativas da publicidade*: consumo e narrativa publicitária. São Paulo: Estação das Letras e Cores, 2015.

CARRASCOZA, J. A. *Razão e sensibilidade no texto publicitário*. São Paulo: Futura, 2004.

CARRASCOZA, J. A. *Razão e sensibilidade no texto publicitário*. 2.ed. São Paulo: Futura, 2007.

CARRASCOZA, J. A. *Razão e sensibilidade no texto publicitário*. 3.ed. São Paulo: Futura, 2012.

CARRASCOZA, J. A.; SANTARELLI, C. *Tramas publicitárias*: narrativas ilustradas de momentos marcantes da publicidade. São Paulo: Ática, 2009.

CARRASCOZA, J. A. ; SANTARELLI, C. P. G. Convergência entre a arte e o valor do precário na criação publicitária. In: CARRASCOZA, J. A.; ROCHA, R. de M. (Orgs.). *Consumo midiático e culturas da convergência*. São Paulo: Miró Editorial, 2011.

CASAQUI, V. Por uma teoria da publicização: transformações no processo publicitário. *Revista Significação*, n.36, p.131-151, 2011.

CASAQUI, V.; RIEGEL, V.; BUDAG, F. E. Publicidade imaginada: a visão dos estudos sobre o mundo do trabalho publicitário. In: CASAQUI, V.; LIMA, M.C.; RIEGEL, V. *Trabalho em publicidade e propaganda*: história, formação profissional, comunicação e imaginário. São Paulo: Atlas, 2011.

CASTELLS, M. *A sociedade em rede*. Rio de Janeiro: Paz e Terra, 2009.

CASTIEL, L. D.; SANZ-VALERO, J. Entre o fetichismo e sobrevivência: o artigo científico é uma mercadoria acadêmica? *Caderno Saúde Pública*, Rio de Janeiro, v.23, n.12, p.3041- 3050, dez. 2007.

CESAR, A. C. *Poética*. São Paulo: Companhia das Letras, 2013.

CHEVALIER, M.; MAZZALOVO, G. *Pró-logo*: marcas como fator de progresso. São Paulo: Panda Books, 2007.

CHILLÓN, A. *Literatura y periodismo*: una tradición de relaciones promiscuas. Barcelona: Universitat Autònoma de Barcelona, 1999.

CHNAIDERMAN, L. *Os animais domésticos e outras receitas*. São Paulo: Perspectiva, 2018.

CONSUMIDORES reclamam de produtos que "diminuíram" e "mantêm preços" em supermercados. *Jornal ND*, Florianópolis, 18 jun. 2020. Disponível em: https://ndmais.com.br/economia/consumidores-reclamam-de-produtos-que-diminuiram-e-mantem-precos-em-supermercados/. Acesso em: 4 jul. 2023.

COVALESKI, R. *Publicidade híbrida*. Curitiba: Maxi Editora, 2010.

CRUZ, A. *Para onde vão os guarda-chuvas*. 3.ed. Lisboa: Alfaguara, 2013.

DAVIS, L. *Nem vem*. São Paulo: Companhia das Letras, 2017.

DOMINGUES, I. *Terrorismo de marca*: publicidade, discurso e consumerismo político na rede. Rio de Janeiro: Confraria do Vento, 2013.

DUARTE, E. A experiência estética e as condições para um método. In: MENDONÇA, C. M. C.; DUARTE, E.; CARDOSO FILHO, J. (Orgs). *Comunicação e sensibilidade*: pistas metodológicas. Belo Horizonte: PPGCOM UFMG, 2016.

ECO, U. *A estrutura ausente*. 7.ed. São Paulo: Perspectiva, 1997.

ECO, U. *Obra aberta*. São Paulo: Perspectiva, 1976.

EVEN-ZOHAR, I. Teoria dos polissistemas. *Revista Translatio*, n.4, p.1-21, 2013.

FERREIRA, A. M. (Org.). *Fernando Pessoa*: o comércio e a publicidade. Lisboa: Cinevoz; Lusomedia, 1986.

FIGUEIREDO, R. "Entrevista". In: CASTELLO, J.; CAETANO, S. (Orgs.). *O livro das palavras*: conversas com os vencedores do Prêmio Portugal Telecom. São Paulo: Leya, 2013.

FINAZZI-AGRÒ, E. Amor, humor e terror na ficção de Lygia Fagundes Telles. *Estudos Literários Brasileiros Contemporâneos*, Brasília, n.56, e562, p.1-20, 2019.

FONTELELLE, I. A. *O nome da marca*. São Paulo: Boitempo Editorial, 2002.

FONTENELLE, I. A. *Cultura do consumo*: fundamentos e formas contemporâneas. São Paulo: FGV Editora, 2017.

FOUREZ, G. *A construção das ciências*: introdução à filosofia e à ética das ciências. São Paulo: Editora Unesp, 1995.

GALVÃO, W. N. "O olhar de uma mulher". In: TELLES, L. F. *Os contos*. São Paulo: Companhia das Letras, 2018.

GAMERO, L. Se produto mudar de tamanho, todas as alterações devem estar na embalagem. *Reclame Aqui Notícias*, [s.l.], 5 fev. 2018. Online. Disponível em: https://noticias.reclameaqui.com.br/noticias/se-produto-mudar-de-tamanho-todas-as-alteracoes-devem-estar_3113/. Acesso em: 9 ago. 2022.

GARRO, E. *As lembranças do porvir*. Curitiba: Arte e Letra, 2018.

GERCINA, C.; MADUREIRA, D.; BETTONI, N. V. Parece leite condensado, mas não é; similares ganham espaço com a inflação. *Folha de Londrina*, 9 jul. 2022. Online. Disponível em: https://www.folhadelondrina.com.br/economia/parece-leite-condensado-mas-nao-e-similares-ganham-espaco-com-a-inflacao-3208106e.html. Acesso em: 8 ago. 2022.

GLEISER, M. *O caldeirão azul*: o universo, o homem e seu espírito. Rio de Janeiro: Record, 2019.

HAN, B.-C. *A salvação do belo*. Petrópolis: Vozes, 2019.

HELENA, R. S.; PINHEIRO, A. J. A. *Muito além do merchan*: como enfrentar o desafio de envolver as novas gerações de consumidores. Rio de Janeiro: Elsevier, 2012.

HOOTSUITE. *Relatório da situação digital global em 2019*. Disponível em: https:// hootsuite.com/resources/digital-in-2019. Acesso em: 18 dez. 2019.

KAKFA, F. *Um artista da fome* e *A construção*. São Paulo: Companhia das Letras, 2017.

KOTLER P.; KELLER K. L. *Administração de marketing*. 12.ed. São Paulo: Pearson Prentine Hall, 2006.

LÉVI-STRAUSS, C. *O pensamento selvagem*. São Paulo: Editora Nacional, 1976.

LÉVI-STRAUSS, C. *O pensamento selvagem*. São Paulo: Papirus, 2005.

LEVINSON, J. C. *Marketing de guerrilha*: táticas e armas para obter grandes lucros com pequenas e médias empresas. São Paulo: Best Seller, 1989.

LEVY, A. *Propaganda*: a arte de gerar descrédito. Rio de Janeiro: Editora FGV, 2003.

LIND, G. R.; COELHO, J. do P. (Orgs.). *Páginas de estética e crítica literárias*. Lisboa: Ática, 1973.

LIPOVETSKY, G. Sedução, publicidade e pós-modernidade. *Famecos*, Porto Alegre, v.7, n.12, p.7-13, jun. 2000.

LUCAS, F. A ficção giratória de Lygia Fagundes Telles. *Revista Travessia*, n.20, p.60-77, 1990.

LUCINDA, E. *Fernando Pessoa*: o cavaleiro de nada. Rio de Janeiro: Record, 2014.

MACEIRA, R. C. *Videorrelato – Outra cena de enunciação para a guerrilha publicitária*: risco e recuperação na busca de uma poética para o consumo. São Paulo, 2015. Dissertação (Mestrado em Comunicação e Práticas de Consumo) – Escola Superior de Propaganda e Marketing (ESPM).

MACHADO, R.; BRANCO, A. P. Senado pede explicação sobre lanche sem picanha e costela. *Folha de S.Paulo*, São Paulo, 4 maio 2022, p.A23.

MAGRIS, C. Conferência ministrada na University of California, Los Angeles (Ucla) em 18 maio 2015.

MALDONADO, A. E. Práxis teórico/metodológica na pesquisa em comunicação: fundamentos, trilhas e saberes. In: MALDONADO, A. E. (Org.). *Metodologias de pesquisa em comunicação*: olhares, trilhas e processos. Porto Alegre: Sulina, 2006.

MARIN, E. C. O ofício da pesquisa: processos do fazer. In: MALDONADO A. E. et al. *Metodologias de pesquisa em comunicação*: olhares, trilhas e processos. Porto Alegre: Sulina, 2006.

MARQUES, L. O mal-estar e a anticiência. *Folha de S.Paulo*, Ilustríssima, p.4-5, 6 jan. 2019.

MARX, K. *O capital – Livro I*. São Paulo: Boitempo, 2011.

MARX, K. *Para a crítica da economia política*. São Paulo: Abril Cultural, 1992.

MASSARANI, L.; ROCHA, M. Ciência e mídia como campo de estudo: uma análise da produção científica brasileira. *Intercom – Revista Brasileira de Ciências da Comunicação*, São Paulo, v.41, n.3, p.1-17, set.-dez. 2018.

MASSOLI, L. C. F. da S. Narrativa de resistência: "Seminário dos ratos" de Lygia Fagundes Telles. *Revista (Entre Parênteses)*, v.6, n.1, p.1-10, 2017.

MEIRELES, C. *Antologia poética*. Rio de Janeiro: Nova Fronteira, 2001.

MELO NETO, J. C. de. *Museu de tudo*. Rio de Janeiro: José Olympio Editora, 1975.

MERQUIOR, J. G. *Verso universo em Drummond*. São Paulo: É Realizações, 2016.

MONTERO. R. *A louca da casa*. Rio de Janeiro: Harper Collins, 2016.

MONTERO. R. *Lágrimas na chuva*. Rio de Janeiro: Nova Fronteira, 2014.

MORIN, E. *Introdução ao pensamento complexo*. Porto Alegre: Sulina, 2005.

MUNRO, A. *Ódio, amizade, namoro, amor, casamento*. 2.ed. São Paulo: Editora Globo, 2013.

NIETZSCHE, F. W. *O nascimento da tragédia ou helenismo e pessimismo*. 2.ed. São Paulo: Companhia das Letras, 2001.

NOGUEIRA, M. Bic Mac com fritas no leito de morte. *Folha de S.Paulo*, São Paulo, 30 jul. de 2022.

OLIVEIRA, N. *Axis mundi*: o jogo de forças na lírica portuguesa contemporânea. Cotia: Ateliê Editorial, 2009.

ORLANDI, E. P. *Análise de discurso*: princípios e procedimentos. 2.ed. Campinas: Pontes, 2000.

ORLANDI, E. P. *Análise de discurso*: princípios e procedimentos. 6.ed. Campinas: Pontes, 2005.

PARRA, N. *Só para maiores de cem anos*: antologia (anti)poética. São Paulo: Editora 34, 2018.

PAULINO, R. A. F. Perfil sociocultural dos comunicadores: conhecendo quem produz a informação publicitária. In: CASAQUI, V.; LIMA, M. C.; RIEGEL, V. *Trabalho em publicidade e propaganda*: história, formação profissional, comunicação e imaginário. São Paulo: Atlas, 2011.

PERELMAN, C.; TYTECA, L. O. *Tratado da argumentação*: a nova retórica. 5.ed. São Paulo: Martins Fontes, 2002.

PESSOA, F. *Obra poética*. Rio de Janeiro: Nova Aguilar, 2001.

PLAZA, J. *Tradução intersemiótica*. São Paulo: Perspectiva, 1987.

PRADO, J. L. A. *Convocações biopolíticas dos dispositivos comunicacionais*. São Paulo: Educ; Fapesp, 2013.

RAMOS, N. Entrevista. In: CASTELLO, J.; CAETANO, S. (Orgs.). *O livro das palavras*: conversas com os vencedores do Prêmio Portugal Telecom. São Paulo: Leya, 2013.

REED, J. D. Plugging Away in Hollywood. *Time*, n.103, 2 jan. 1989.

RIBARIC, M. E. A evolução dos conceitos de *product placement* nas produções audiovisuais. *Comunicação & Inovação*, São Caetano do Sul, v.20, n.42, p.22-35, jan.-abr. 2019.

RIBARIC, M. E. *Advertainment – Uma presença ausente*: o não dito no discurso publicitário dos filmes da série "The Hire" da BMW. São Paulo, 2009. 150 fls. Dissertação (Mestrado em Comunicação e Práticas de Consumo) – Escola Superior de Propaganda e Marketing (ESPM).

ROBERTS, K. *Lovemarks*: o futuro além das marcas. São Paulo: M. Books, 2004.

ROCHA, E. *Magia e capitalismo*: um estudo antropológico da publicidade. 2.ed. São Paulo: Brasiliense, 1990.

ROCHA, E. P. G. *Magia e capitalismo*: um estudo antropológico da publicidade. 2.ed. São Paulo: Brasiliense, 1995.

RODRIGUES, N. *O melhor de Nelson Rodrigues:* teatro, contos e crônicas. Rio de Janeiro: Nova Fronteira, 2018.

ROSENBERG, H. *Objeto ansioso*. São Paulo: Cosac & Naify, 2004.

RUSSELL, C. A. Towards a framework of *product placement*: theoretical propositions. *NA – Advances in Consumer Research*, v.25, p.357-362, 1998. Disponível em: http://acrwebsite.org/volumes/8178/volumes/v25/NA25. Acesso em: 18 dez. 2019.

SABINO, M. do R. M.; SERENO, Ad. M. M. (Orgs.). *Novas poesias inéditas – Fernando Pessoa*. 4.ed. Lisboa: Ática, 1993.

SACCHITIELLO, B. Skol assume passado machista e ressalta a importância de evoluir. *Meio & Mensagem*, São Paulo, 9 mar. 2017. Disponível em: http://www.meioemensagem.com.br/home/comunicacao/2017/03/09/skol-assume-passado-machista-e-ressalta-a-importancia-de-evoluir.html. Acesso em: 17 set. 2018.

SAFATLE, V. Identidades flexíveis como padrão da retórica de consumo. In: CENTRO DE ALTOS ESTUDOS EM PROPAGANDA E MARKETING (Org.). *Bravo mundo novo*: novas configurações da comunicação e do consumo. São Paulo: Alameda, 2009.

SALLES, C. A. *O gesto inacabado*: processo de criação artística. São Paulo: Annablume, 1998.

SANTIAGO, S. Entrevista. In: CASTELLO, J.; CAETANO, S. (Orgs.). *O livro das palavras*: conversas com os vencedores do Prêmio Portugal Telecom. São Paulo: Leya, 2013.

SANTIAGO, S. Singular e anônimo. In: CESAR, A. C. *Poética*. São Paulo: Companhia das Letras, 2013.

SANTIAGO, S. *Uma literatura nos trópicos*. Rio de Janeiro: Rocco, 2000.

SCHOPENHAUER, A. *Como vencer um debate sem precisar ter razão*: em 38 estratagemas (dialética erística). Rio de Janeiro: Topbooks, 1997.

SCHUDSON. M. *Advertising*: the uneasy persuasion. New York: Basic Books, 1986.

SODRÉ, E. Site Fiat Mio reúne sugestões do público para fazer um carro. *O Globo*, Rio de Janeiro, 24 jan. 2010. Disponível em: https://oglobo.globo.com/economia/site-fiat-mio-reune-sugestoes-do-publico-para-fazer-um-carro-3064404. Acesso em: 18 set. 2018.

TEIXEIRA COELHO, J. "Entrevista". In: CASTELLO, J.; CAETANO, S. (Orgs.). *O livro das palavras*: conversas com os vencedores do Prêmio Portugal Telecom. São Paulo: Leya, 2013.

TELLES, L. F. *Os contos*. São Paulo: Companhia das Letras, 2018.

TODOROV, T. *A beleza salvará o mundo*. Rio de Janeiro: Difel, 2011.

TOFLER, A. *A terceira onda*. Rio de Janeiro: Record, 2014.

TOLSTÓI, L. *Os últimos dias*. São Paulo: Penguin; Companhia das Letras, 2001.

TORRES I PRAT, J. *Consumo, luego existo*: poder, mercado y publicidad. Barcelona: Icaria, 2005.

TOSCANI, O. *A publicidade é um cadáver que nos sorri*. Rio de Janeiro: Ediouro, 1995.

VERÓN, E. *Ideologia, estrutura e comunicação*. São Paulo: Cultrix, 1977.

VIGNA, E. Paiol Literário: Elvira Vigna. *Rascunho – O Jornal de Literatura do Brasil*, Curitiba, jan. 2014. Disponível em: https://rascunho.com.br/paiol-literario/elvira--vigna/. Acesso em: 29 maio 2023.

VINCI, C. F. R. G. Sobre o rigor poético do artista: uma outra concepção de ciência. *Revista Educação e Cultura Contemporânea*, Rio de Janeiro, v.15, n.39, p.258-281, 2018.

WHITMAN, W. *Folhas de relva*. São Paulo: Iluminuras, 2005.

WILDE, O. *O retrato de Dorian Gray*. São Paulo: Penguin; Companhia das Letras, 2012.

WOOD, J. *Como funciona a ficção*. São Paulo: Cosac Naify, 2011.

SOBRE O LIVRO

Formato: 14 x 21 cm
Mancha: 24,9 x 40,4 paicas
Tipologia: Adobe Garamond Pro 11/14
Papel: Off-set 75 g/m^2 (miolo)
Cartão Supremo 250 g/m^2 (capa)
1ª edição Editora Unesp: 2023

EQUIPE DE REALIZAÇÃO

Coordenação editorial
Marcos Keith Takahashi (Quadratim)

Edição de texto
Lucas Lopes

Projeto gráfico
Quadratim

Capa
Augusto Lins Soares

Editoração eletrônica
Arte Final

Rua Xavier Curado, 388 • Ipiranga - SP • 04210 100
Tel.: (11) 2063 7000 • Fax: (11) 2061 8709
rettec@rettec.com.br • www.rettec.com.br